KB132310

직면하는 마음

직면하는
마음

권성민 지음

나날이 바뀌는
플랫폼에
몸을 던져 분투하는
어느 예능PD의
생존기

한겨레출판

김이나
작사가

나는 프로그램을 선택할 때 제작진, 특히 메인 PD가 어떤 사람인지가 매우 중요하다. 아직 스스로 프로 예능인이라는 믿음이 없는 나는 왜곡되거나 오해받을 만한 말 또는 부적절한 말을 걸러가며 카메라 앞에 설 자신이 없기 때문에, PD의 출연자에 대한 애정이 재미를 위한 욕구를 앞서는 사람인지의 여부가 매우 중요하다. 정글 같은 예능판에서 혼자 정한 생존원칙이다. 더불어 혼자만의 나름 까다로운 기준들이 있는데 이걸 다 열거하면 이 책을 보는 업계 관계자들이 나를 재수 없게 볼 수 있으므로 비밀에 부치겠다. 아무튼 그 모든 요소는 보통 이전의 연출작들을 보며 유추하거나 평판을 수소문하여 알아보는데 권성민 PD는 아쉽게도(…) 그런 것을 유추할 만한 전작이 부족했다.

그러나 그와의 첫 만남의 자리는 충분히 그를 유추해볼 만한 연출작이었다. 말끔한 옷차림과 기획안에서 느껴지는 세련된 미감. 너무 절여지지도, 차갑지도 않은 정제된 말투. 부담스럽지 않으면서도 적당히 나를 파악한 듯한 선물. 거절하면 나쁜 사람 되는 것처럼 감정에 호소하지 않되 자신감과 절실함이 적절히 믹스되어 있던 설득의 발언들.

시간을 오래 빼앗지 않겠다는 의지가 보였던 짧은 미팅 안에 나는 그의 작품 속에서 제법 괜찮은 진행자가 될 수 있을 것 같다는 예감을 했다. 그만큼 하나의 프로그램은, 특히 한국 예능계의 특성상 메인 PD의 많은 것을 드러낸다. 그가 즐겨한다는 필라테스는 내게 상징적으로 다가온다. 유연하되 탄탄한 코어를 기르는 데 특화된 운동은 내가 상상하는 그의 사고방식과 닮아 있기 때문이다. 그리고 『직면하는 마음』에서 그 상상이 틀리지 않았음을 확인할 수 있었다.

고백하자면 그는 참으로 피곤한 PD였고 나는 못지않게 피곤한 MC였다. 서로 체크할 것도 많았고 나눌 소회도 넘쳤으며 바라는 것도 많았다. 그러나 그 모든 피곤함을 서로 결과를 통해 입을 틀어막을 수 있어 행복했고, 대체로 이런 관계일 때 인간적으로나 프로그램으로나 결과가 좋기에 감사한다. 이 책에서 그의 지독한 디테일의 근본이 보이고 내가 볼 수 없었던 편집 과정에서의 노고가 느껴져 조금은 숙연해지긴 했다. 그를 닮은 후배 PD가 예능계에 많아진다면 나도 조금 덜 겁을 먹는 방송인이 될 수 있을 것 같다.

얘는 PD,
예능 PD

누군가를 처음 만났다고 하자. 일로 만난 사이는 아니다. 소개팅일 수도 있고 여럿이 만난 사교 현장일 수도 있겠다. 가벼운 잡담으로 시작해야겠지. 잡담에도 기술이 필요하다. 요즘은 '스몰토크'라는 영어도 많이 쓴다. 대화를 시작하려면 서로 최소한의 정보는 알아야 하니 호구조사부터 시작한다. '나이가 어떻게 되세요, 집이 어느 쪽이세요' 같은 것들은 상대를 알려면 어느 정도 필요한 이야기이긴 하지만 동시에 예민한 질문이다. 소개팅이라면 서로 직업 정도는 듣고 나왔을 테니 '무슨 일 하시는지'가 꼬리를 이어나가기는 더 좋겠다.

"뭐, 그냥 회사 다녀요"라는 대답이 돌아온다면 일 얘기는 별 게 없다는 뜻이기도 하니 "그럼 쉴 때는 뭐 하세요?" 정도가 이어진다. 물론 여기서도 이야기꽃을 피울 만한 취미가 있는 사람은 흔하지 않다. '영화 좋아해요'나 '게임 해요' 같은 대답에서 대화를 풍성하게 이어갈 수 있는 사람이라면 사실 다른 어떤 주제가 나와도 상관없었을 것이다. 그러니 이런 자리에서는 직업 자체에 얘깃거리가 많은 경우가 편하다.

스타트업에서 서비스를 관리하는 기획자라든지 공공기관 복지정책 실무를 담당하는 공무원 등은 굉장히 중요하고 전문적인 일이지만, 처음 만난 사람과 일에 대해 얘기하려면 설명이 많이 필요해진다. 이미 '스몰토크'가 아니다.

PD는 그럴 때 좋은 직업이다. 설명이 별로 필요 없으니까. TV를 거의 보지 않는 사람도 PD가 무슨 일을 하는지는 대충 안다. 정확히는 하는 일의 결과물을 안다. 결과물을 알고 있으니 그게 만들어지는 과정도 쉽게 잘 들린다. 듣다 보면 중간 중간 연예인 이름도 나온다. 특히 예능 PD들은 최근 들어 화면 속에 직접 등장하는 경우도 부쩍 늘었다. 예전에는 히트 프로그램을 만들어 스타가 된 PD를 가리켜 '스타 PD'라고 불렀는데 요즘에는 정말 스타처럼 화면에 등장하는 PD를 부르는 말 같기도 하다. 그만큼 이 직업을 친근하게 느끼는 이들이 늘었다는 뜻이다. 내가 먼저 이야기를 꺼내기 전에 질문이 먼저 들어오기도 하고, 그럼 대화는 한결 더 수월해진다.

방송계 종사자들이 이런 자리에서 흔히 듣는 질문은 다음과 같다. 가장 많은 것은 역시나 연예인 관련 질문. "누가 제일 예뻐요?", "누구랑 제일 친해요?", "그 사람 진짜 착해요?", "유재석 본 적 있어요?"

예능 좀 본다 하는 사람은 질문도 약간 더 전문적이다. "그거 다 대본 아니에요?", "진짜 리얼이에요?", "그 멤버들 실제로도 사이좋아요?", "유재석 본 적 있어요?"

어색한 분위기를 처음 풀어갈 때는 이런 영양가 없는 대화도 그럭저럭 괜찮다. '무슨 일을 하는지 모두가 아는 직업'의 장점이다. 사람들은 저마다 생각한 PD의 이미지를 당사자의 입으로 확인받고 간다.

문제는 PD라는 직업의 경험이 그리 균일하지 않다는 거다. 방송 PD만 해도 소속 회사나 계약 형태에 따라 경험의 결이 다양하다. 특히 예능 PD는 더욱 그렇다. 다큐멘터리 PD, 드라마 PD라고 하면 그래도 비교적 하는 일이 비슷한 편인데, '예능'이라는 이름으로 불리는 프로그램들은 정말 한 분류에 속해도 되는지 의문스러울 때가 많다. 사람들이 '예능' 하면 여전히 대표적으로 떠올리는 〈무한도전〉이나 〈런닝맨〉 같은 캐릭터 버라이어티도 예능이고, 한동안 대세였던 '관찰 예능'이란 이름의 〈미운 우리 새끼〉나 〈전지적 참견 시점〉도 예능이고, 여기에 연애가 섞이면 〈하트시그널〉이나 〈환승연애〉가 된다. 한 시대를 대표했던 〈개그콘서트〉나 〈코미디빅리그〉 같은 공개 코미디도 예능이며, 〈유희열의 스케치북〉이나 〈쇼! 음악중심〉 같은 공개 콘서트도 예능, 여기에 순위와 오디션이 첨가되고 쇼의 장르가 나뉘면서 〈나는 가수다〉나 〈미스터트롯〉, 〈스트리트 우먼 파이터〉 같은 경연 장르로 분화되기도 한다. 테이블 하나 놓고 종일 얘기만 하는 〈알쓸신잡〉이나 〈라디오스타〉 같은 토크쇼도 예능인데,

이쪽도 주제나 스타일을 세분화하면서 〈무릎팍도사〉나 〈마녀사냥〉이 되기도 했다가 전문가의 비중이 커지면 〈금쪽같은 내 새끼〉나 〈개는 훌륭하다〉 같은 상담 프로그램이 되기도 한다. '예능'이라는 하나의 이름으로 불리는 이 모든 프로그램들의 공통점이라고는 '카메라 앞에 사람을 세워 찍은 다음 편집실에 와서 편집한다' 말고는 없다. 아니, 심지어 〈쇼! 음악중심〉 같은 생방송은 편집도 안 하지.

"외워서 하는 대사가 없잖아?" 일리가 있다. 대본과 연기로 온전한 허구를 연출해내는 것은 드라마이고, 인위적인 연출이 개입될수록 가치가 현저히 떨어지는 것이 반대쪽 끝에 있는 시사교양이니 그 사이 어디쯤이 예능이라고 하면 되지 않을까? 하지만 분류상 드라마에 가까운 〈SNL〉 시리즈나 〈거침없이 하이킥!〉 같은 시트콤도 예능 PD가 만들어왔고, 반대로 '나영석 류'라고 불리는 〈윤식당〉, 〈삼시세끼〉 같은 관찰 예능은 어지간한 시사교양 프로그램보다 대본이 없기도 하다. 그러니까 예능이란 장르는 말하자면 여집합인 셈이다. 확실히 드라마이거나 확실히 시사교양인 것들을 빼고 난 뒤에 남은 애매한 것들이 모여 복닥거리는 곳. 정해진 모양이 없는 만큼 자유롭고, 좋은 뜻으로 제멋대로다.

정해진 장르의 규칙이 없으니 일하는 방식도 PD마다 천차

만별이다. 방송사마다 문화가 다르고, 같은 방송사 안에서도 PD마다 스타일이 다르다. 그래봤자 PD도 회사원이고, 자고로 대기업이란 일관된 시스템 안에서 개인의 재량을 관리하는 것이 장점일진데 고작 회사원들 일하는 스타일이 달라봐야 얼마나 다르겠나 싶겠지만, 바로 거기서 PD라는 직업의 고락이 드러난다.

'PD'는 보통 영어로 '제작자'란 의미의 '프로듀서producer'로 풀이된다. 하지만 영어권 관계자들에게 'producer'라고 소개하면 실제 한국의 PD들이 하는 일과는 다른 모습을 떠올릴 것이다. 한국의 방송 PD들은 대부분 한 프로그램의 시작과 끝을 모두 책임진다. 1) 맨 처음 떠올린 아이디어를 기획안으로 구체화하고, 2) 이 기획안으로 편성을 받아 제작비를 타내 팀을 꾸리고, 3) 꾸려진 팀과 함께 출연자를 섭외하고 구성안을 만든 다음, 4) 실제 촬영 현장을 감독·연출하고, 5) 편집을 비롯한 후반 작업에 직접 참여하며, 6) CG, 자막, 음악 등의 세부적인 요소들까지 결정한다.

한국이 아닌 다른 많은 나라에서 '제작자producer'는 1번과 2번을 주로 담당하는 사람이고, 3번부터 6번까지 하는 사람은 '감독director'으로 분류된다. 제작 시스템이 더 체계적인 경우 1번부터 6번까지 담당하는 사람이 모두 다를 때도 있다. 한국에서 익숙하게 알려진 PD의 모습은 굳이 번역하자면 'director'로 소개하는 편이 오히려 가깝다. 심지어 광고계나 영화계, 음악계 등에도 역시 PD라는 직책으로 일하는 사람들이 있는데, 이들 또한 2번을 주로 하는 'producer'를 가리키고 감독은 따로 있다. 한국의 방송 PD들만 'Producer&Director'의 약자인 셈이다.

역할이 세분화되어 있는 외국의 업계와 비교했을 때 한국의 이 'Producer&Director' 방식은 좋게 말하면 PD 개인의 재량이 크게 작용해 작품의 개성과 내적 일관성이 확보되는 장인적 시스템이고, 있는 그대로 얘기하자면 주먹구구다. 그만큼 PD 개인의 스타일에 따라 많은 것이 달라진다.

PD 일을 갓 시작한 신입들 중에 간혹 한두 프로그램을 경험해보고 '이 일은 나랑 안 맞는다'며 그만두는 경우가 있는데, 그래서 안타까울 때가 많다. 어느 일이든 안 그렇겠냐마는, PD 개인의 성향에 따라 돌아가는 방식도 완연히 다른 만큼 다른 팀, 다른 프로그램이었다면 전혀 다른 경험을 했을 테니까.

누구나 일을 처음 시작할 때는 새롭게 경험하는 하나하나가 다 이 직업의 실체처럼 느껴지기 마련이고, 그렇게 모은 경험의 조각들로 미래의 모형을 조립한다. 하지만 이 시기 손에 닿는 조각이란 말 그대로 조각, 아주 작고 파편적인 경험들에 불과하다. 꼰대 같은 말이지만 1,000피스짜리 직소 퍼즐을 사서 50조각 정도 맞추다가 버리는 건 너무 아깝잖아. 물론 이해는 한다. 꾹 참고 오랜 시간을 들여 750피스까지 맞추고 나서야 이게 아니었다는 걸 깨달아버리는 건 더 무서우니까.

사람들끼리 주고받는 직업에 대한 속설이란 대부분 이런 것들이다. 1,000개 중 50개 조각으로 이루어진 이야기들. 전혀 사실이 아닌 건 아니지만, 그래서 더 위험한 어떤 이야기들. 직소 퍼즐 조각들을 펼쳐 놓으면 가장 먼저 어떤 조각들부터 집게 될까? 맞다. 제일 바깥쪽 가장자리, 직선 변이 살아 있어서 맞추기는 쉽지만 대신 중요한 그림으로부터는 가장 멀리 떨어진 조각들부터 눈에 띄기 마련이다.

더구나 방송사 PD처럼 그 수가 많지 않은 직업은 더욱 그럴 거다. 어떤 직업에 종사하는 사람의 숫자와 소문의 선정성은 반비례하기 마련이다. 수가 적을수록 실제로 만나기 어렵고, 실제로 만나기 어려울수록 소문의 강도는 심해진다. 지금의 아내와 처음 만나기 시작했을 때, 내 직업을 들은 장모님의 첫 반응이 "PD? 성상납 받고 그런다는 사람들 아니니?"였다는 것만 봐도 그렇다. 그럴 수 있다. 뭐, 20년쯤 전에는 나도 그런 뉴스를 봤던 것 같다.

이렇게 장광설을 늘어놓는 이유는 하나, PD란 이름으로 고작 10년 남짓 지내온 내가 지금부터 늘어놓을 이야기들도 결국 내 손에 들어온 조각들일 뿐이라고 강조하고 싶어서다. MBC에서 꽉 채워 보낸 8년과 카카오TV로 옮겨와 새로운 플랫폼에 적응하기 위해 또 몇 년 고군분투한 시간이 전부이다. 그동안 내가 경험한 조각들, 그리고 여기저기에서 어깨너머로 보고 들은 조각들이다. 나와 전혀 다른 조각들을 가진 PD들도 많겠지. MBC가 아닌 곳은 또 다를 것이고, 예능 PD가 아닌 사람은 또 다를 것이다. 내 이야기에 공감하는 PD도 있겠지만, '무슨 말도 안 되는 소릴 하고 있어' 하는 방송 관계자도 분명히 있을 거다. 그러니까 이건 PD라는 직업 일반에 대한 이야기가 아니라, PD라는 이름으로 밥벌이를 하고 있는 한 사람의 개인적인 소회들이다. 더구나 나는 예능 PD들 중에서도 흔한 유형은 확실히 아닌 것 같다.

소심하게 발을 빼고 있는 셈인데, 이 글을 읽는 사람들의 건강한 관점을 위한 거라면 좋겠지만 정확히는 면피용에 가깝다. 어느 직업군이든 자꾸 미디어에 나와 자기 생각을 이야기하는 사람은 동종업계 사람들에게 예쁨받기 어렵다. 심지어 그 직업을 소재로 책을 썼다? "어이구, 대가 나셨네" 하는 소리가 벌써부터 들려온다. 으악.

예능 PD들에 대한 속설도 여러 가지가 있겠지만 이거 하나만큼은 확실하게 말할 수 있다. 놀리기 좋아하는 사람들이다. 이 문장을 쓰면서도 눈이 질끈 감긴다. 그러니까, 다시 한 번, 강조하자면, 이건 내 눈으로 돌아본 나의 직업 수기다. 놀림당하는 것은 피할 수 없겠지만, 적어도 업계 전반에 대한 어설픈 속단이나 비약으로 읽히지는 않았으면 한다. 예능 PD로 10년 정도 살아온 이 사람은 이렇게 일하는구나, 이런 즐거움과 저런 고민이 있구나 정도로 읽어주시면 감사하겠다. 꾸벅.

004 ◆ 추천의 말

006 ◆ 프롤로그

1장 상암동 사람들

022 ◆ 한국 드라마 주인공들은 '연세대'를 졸업하고 상암에 취직한다

027 ◆ 철이 좀 늦게 드는 상암동 사람들

033 ◆ 시스템이 없는 곳

040 ◆ PD 본인이 시스템이다

046 ◆ 장인과 기성품

051 ◆ 죽이든 밥이든 60분은 채워야 한다

058 ◆ 방송은 기다려주지 않아, 아마 인생도

062 ◆ 이름을 붙일 수 없는 일들

070 ◆ 우리는 모두 인정이 필요하다

077 ◆ "너 같은 PD도 필요하지!"

083 ◆ 그거 다 대본 아니에요?

095 ◆ 스물다섯 스물하나

2장 뭐라도 있으면 발을 디딘다

104 ◆ 끝까지 가본 경험이 바꾸는 것

109 ◆ 반짝반짝 빛나는 아이디어, 그 다음은?

117 ◆ "주로 어디서 영감을 얻나요?"

123 ◆ 삶으로 답해야 하는 질문

129 ◆ 새로운 맛과 아는 맛

137 ◆ 레퍼토리는 시간이 지날수록 정교해진다

142 ◆ 세상이 좁은 게 아니에요

150 ◆ 기름진 피의 겸손

155 ◆ 인생에는 상수가 필요하다

3장 **"왜 만나서 카톡을 해요?"**

164 ◆ 뭐 하나, 새로운 것 하나

169 ◆ '어떻게'가 먼저 정해진 기획

177 ◆ 기획의 화신, MC

183 ◆ 인터뷰의 기술

192 ◆ "왜 만나서 입 놔두고 톡으로 이야기해요?"

197 ◆ 가로막히지 않는 말들

204 ◆ 예능이 할 수 있는 일

208 ◆ 어떤 자막은 도움이 되지 않는다

215 ◆ "그냥 이렇구나, 끝. 이래도 만족이에요"

219 ◆ 생각에도 로케이션이 필요하다

228 ◆ 박수칠 때 못 떠난다, 원래는

236 ◆ 인터뷰: 타협도 결국, 함께 하는 것

4장 본격 예능 제작 전문용어(은어) 가이드

252 ◆ 이 바닥 사람들만 쓰는 말

256 ◆ 야마(명사)

257 ◆ 마(명사) / 마가 뜨다(동사)

258 ◆ 시바이(명사) / 시바이 치다(동사)

260 ◆ 니쥬(명사) / 니쥬 깔다(동사)

261 ◆ 오도시(명사) / 오도시 터지다(동사)

263 ◆ 니마이(명사) / 쌈마이(명사), 나까(명사)

266 ◆ 바레(명사) / 바레 시키다(동사), 바레 나다(동사)

268 ◆ 데꼬보꼬(형용사)

269 ◆ 나래비(형용사)

270 ◆ 와꾸(명사) / 와꾸 짜다(동사)

276 ◆ 에필로그

1장

상암동 사람들

상암동 얘기부터 시작해볼까. 2021년 큰 화제를 낳은 넷플릭스 드라마 〈지옥〉은 대단히 인상적인 오프닝으로 시작하는데, 카페에 앉아 있던 남자가 정체불명의 괴물들에게 쫓기며 무참한 폭력을 당한 끝에 초자연적 현상에 희생되는 장면이다. 그런데 남자가 괴물을 피해 빼곡하게 서 있는 자동차들 사이로 허겁지겁 달려가는 도로는 상암에서 일하는 사람이라면 매일 점심을 먹으러 익숙하게 오가는 곳이다. 재미있는 것은, 드라마에서는 러시아워를 연상시킬 만큼 차로 가득한 이 왕복 4차선 도로가 실제로는 거의 차가 다니지 않아 늘 한산한 곳이라는 사실이다. 신호등과 건널목이 갖춰져 있긴 하지만 차가 너무 없다 보니 사람들이 그냥 건너기도 하고, 그래서 아예 신호등 자체를 운행하지 않을 때도 많다.

　그러니 무시무시한 괴물 덕분에 상당히 급박한 장면이지만 상암동 사람들 눈에는 "어유, 저기 차를 저렇게 깔았네. 넷플릭스 역시 돈 많네" 하는 것부터 보이는 것이다. 심지어 카페 안에 있던 남자가 밖으로 뛰쳐나갈 때 거칠게 흔들리는 화면을 유심히 보면, 쇼윈도 너머로 슬쩍 보이는 도로는 여느 때처럼 한산하다. 하지만 다음 컷에서 앵글이 바뀌며 카페 밖으로 나온 남자를 비출 때는 차들이 줄지어 서 있다. 실내와 실외의 촬영을 서로 다른 장소에서 하거나, 서로 다른 날 촬영한 화면을 이어 붙였을 때 생기는 문제다. 배경에 CG 처리를 하기 곤란할 만큼 카메라가 요란하게 움직일 때도 비슷한 일을 겪는다. 워낙 편집을 절묘하게 해서 보통은 눈에 띄지 않지만, 매일 그곳을 오가는 사람의 익숙한 눈에는 어쩔 수 없이 보인다.

비슷한 문제는 계속해서 이어진다. 카페에서 뛰쳐나온 남자가 꽤 긴 거리를 도망치고 있음에도 그의 뒤로 스쳐 지나가는 배경은 컷이 바뀔 때마다 같은 장소의 반복이다. 한참을 뛰어가다 괴물에게 붙잡혔을 때도 처음 뛰쳐나왔던 카페와 그 옆의 편의점이 여전히 보인다. 통제한 구역 자체가 넓지 않으니 같은 거리에서 앵글을 바꿔가며 여러 번 찍은 다음 오래 뛰어간 것처럼 이어 붙인 것이다. 이런 게 상습적으로 보이면 드라마에 몰입이 되겠는가. 거의 모든 영화나 드라마는 현실의 촬영지를 가상의 공간으로 재구성한다. 때문에 실제 촬영지가 익숙한 사람은 재구성된 허구에서 느껴지는 이질감 때문에 몰입에 실패하기도 한다. 심지어 상암 사람들은 애초에 직업부터 이런 걸 만드는 사람들이니 상암에서 찍은 무언가에 몰입하긴 더욱 어려워진다. '아, 차를 많이 깔았구나', '아, 저 차부터는 CG겠구나', '아, 더 넓은 구역을 통제할 여력은 없었던 모양이다' 하는 프로덕션의 정황들만 눈에 들어오는 것이다.

그런데 하필 상암에서 찍는 작품들이 한둘이 아니다. 지옥의 사자들도 상암에서 첫 심판을 선보였고, 한국을 찾은 어벤져스도 상암에서 추격전을 벌였다. 한국 드라마 속 직장인의 절반 정도는 상암에서 근무하는 것 같다. 〈지옥〉에서 남자가 도망치던 그 도로 근처로 다른 드라마 주인공들도 자주 다닌다. 상암 MBC 사옥 2층의 모 카페는 온갖 드라마 주인공들이 대화를 나누는 곳이다. 한국 드라마 속 학생들은 중학생이고 고등학생이고 절반 정도는 연세대학교 캠퍼스에서 학교생활을 하는데, 다들 연대를 졸업하고 상암에 있는 회사에 들어가는 모양이다.

이유는 간단하다. 일단 연세대학교는 캠퍼스가 예쁘다. 1920년대에 만들어진 고풍스러운 석조건물과 영국식 정원의 풍경은 그 자체로 드라마에 환상미를 더한다. 하지만 그보다 더 중요한 것은 접근성이다. 과거에 방송사가 모여 있던 여의도에서도, 지금의 상암에서도 차로 20분이면 닿는 아름다운 캠퍼스라는 사실은 그 자체로 대체 불가능한 조건이다. 군부정권 시절에도 학생운동과 관련된 뉴스거리가 생기면 보도국은 제일 먼저 연세대로 기자를 보냈다. 여의도에서 가장 빨리 그림을 따러 보낼 수 있는 캠퍼스였으니까.

연세대를 졸업한 드라마 주인공들이 우르르 상암에 취직하는 것도 같은 이유다. 서울에서 가장 촬영하기 편한 곳이기 때문이다. 사실 도심에서 대규모 촬영을 진행하는 것은 대단히 골치 아픈 일이다. 촬영을 위해 마련된 곳이 아니니 어쩔 수 없이 공공에 불편을 끼친다. 그런 면에서 제일 속편한 곳이 상암이다. 이름도 어려운 마포구 상암 디지털미디어시티DMC●는 처음부터 미디어 산업을 육성하기 위해 조성된 곳인 만큼, 행정구역의 절반 가까이를 방송사를 비롯한 미디어 회사들이 채우고 있다. 가장 큰 사옥인 MBC를 비롯해 CJ E&M, JTBC(중앙일보)는 아예 본사가 자리 잡고 있으며, KBS, SBS, 채널A도 작지 않은 건물들을 세워두었다. 사옥 말고 곳곳에 입주해 있는 제작사나 스튜디오까지 헤아리

●　이 이름을 제대로 외우기 어려운 사람들로부터 얻은 '일렉트로닉메가시티', '디트로이트메탈시티', '울트라메가레이저센터' 등의 다양한 별명이 있다.

면 끝도 없다. 이 일대를 둘러싼 아파트 단지의 거주자도 상당수 이쪽 직장인들이다. 말인즉 상암에 살고 상암에서 일하는 많은 사람들은 도로를 가로막은 촬영 현장 앞에서도 대한민국 그 누구보다 '그러려니' 하며 지나갈 업계 사람이란 뜻이다. 도로를 통제하고 촬영하려면 관할 경찰서의 협조를 구해야 하는데, 실제로 상암동 관할서는 관계자들 사이에서 그 어느 곳보다 협조적인 것으로 유명하기도 하다. 방송사 입장에서는 바로 코앞에 촬영팀 꾸리면 되고, 관할서 협조도 잘되고, 마침 교통량도 적은데다 그러려니 하는 행인들이 다니는 곳. 도시가 배경인 촬영이면 멀리 갈 이유가 없다. 영화는 더 잘 어울리는 그림을 찾기 위해 전국의 로케이션을 찾아다니지만, 상대적으로 시간과 비용의 저울질이 조금 더 예민한 드라마의 장면들은 이렇게 현실적인 이유로 결정되기도 한다.• 덕분에 한국 드라마 속 인물들은 오늘도 상암 거리를 누빈다.

• 영화와 드라마의 동일한 한 시간 분량 동안 각각 등장인물들의 대사량을 비교해 본다면 그 이유를 짐작하기 쉽다. 영화는 대사만큼이나 시각적인 연출도 중요하게 다뤄지지만, 드라마에서는 대사의 비중이 상대적으로 더 크다. 주인공들의 대사가 잘 전달된다면 배경은 큰 문제가 아닌 장면도 많다. 보통 영화에서는 '감독'이, 드라마에서는 '작가'가 더 중요하게 언급되는 이유이기도 하다.

방송사에 처음 입사한 몇 년 동안 습관이 하나 생겼다. 회사 안에서 처음 보는 상대의 나이를 가늠할 때 겉으로 보이는 것보다 어림잡아 다섯 살 정도 넉넉하게 보태서 생각하는 것이다. 30대 초반쯤 되어 보이면 실제로는 중반을 넘긴 경우가 보통이었고, 마흔 좀 넘지 않았을까 싶은 사람은 50대에 더 가까운 경우도 왕왕 있었다. 부장님, 국장님들도 밖에서 만나는 그 또래 어른들보다 훨씬 젊어 보였다. 이렇다 보니 보이는 나이에 기본 몇 년씩 더 얹어야 얼추 비슷하다는 패턴을 습득했다. 대학 시절까지 내내 노안 소리를 듣던 내가 언제부턴가 실제 나이보다 적게 보인다는 말을 듣기 시작한 것도 PD가 되고 나서부터다.

물론 마지막은 내 주변 사람들의 능숙한 처세 때문일 가능성이 크지만, 실제로 상암동 사람들은 확실히 자기 나이보다 어려 보인다. 가장 큰 이유는 아마 옷 입는 스타일 때문일 거다. 요즘엔 대기업도 정장을 고집하는 경향이 사라지는 추세지만, '자율 출근 복장'이라고 해봐야 깔끔한 티셔츠에 면바지 정도인 경우가 많다. 하지만 상암동에서는 추리닝에 슬리퍼, 민소매나 핫팬츠도 일상이다. 옷 입는 것 자체를 즐기는 사람들도 많아서 바쁜 와중에 꿋꿋이 실루엣이 살아 있는 고급 재킷과 넥타이로 멋을 내거나 이태원, 강남 등지에서도 드물게 볼 법한 다채로운 패션을 구경하는 재미도 쏠쏠하다. 반대로 통상 잠옷으로 여겨지는 수면바지를 입은 채 대로를 활보하는 모습도 심심찮게 목격되는데, 편집실에서 밤을 예사로 새는 사람들의 동네다 보니 그것도 일상이다. 낮밤의 업무와 생활이 뒤섞여 있는 거대한 기숙사 같은 공간. 그러니 명품 블레이저를 입고 풀 메이크업을 한 사람과 수면바지를 입고 머리도 안 감은 사람이 맥도날드에 마주앉아 평화롭게 감자튀김을 나눠 먹고 있어도 이상하지 않은 것이 상암동의 풍경이다. 둘 중 한 명의 머리 색깔이 핑크색이거나 파란색일 확률도 다른 동네보다 훨씬 높다.

하버드대학교 심리학 교수 앨런 랭어Ellen Langer의 책『늙는다는 착각』에서는 삶을 대하는 태도가 신체의 노화에도 영향을 끼친다는 여러 단서를 소개한다. 가장 처음 등장하는 예는 70대 후반에서 80대 초반의 노인들을 모집해 일주일

동안 시간을 20년 전으로 돌렸다는 설정의 연극을 하는 실험이다. 실험이 이루어진 시점은 1979년이었는데, 실험에 참여하는 노인들은 모든 생활을 지금이 1959년이라는 전제하에 영위하도록 한 것이다. 보고 듣는 뉴스와 영화도, 대화의 소재도 모두 1959년에 벌어진 일들이 기준이 되었다. 그 결과 불과 일주일 만에 실험 참가자들은 대조군에 비해 모든 신체 능력이 개선되었다.

다소 유사과학처럼 들리기도 하지만, 젊은 태도와 생활 습관으로 사는 것이 실제로 노화를 지연시킨다는 말은 어찌 보면 당연하다. 마음의 힘이 마법처럼 세포의 노화를 막는 것이 아니라, 인간의 몸은 당연하게도 생활 습관의 영향을 받으니까. 젊고 역동적인 생활 습관을 가진 사람은 근육이 됐든 호르몬이 됐든 조금이라도 더 젊은 몸이 되겠지. '사람들은 30대 중반을 지나면서 더 이상 새로운 음악을 듣지 않는다'라는 스포티파이• 데이터의 분석 결과가 인터넷에서 화제가 된 적도 있다. 굳이 자신과 주변을 돌아보며 공감하지 않더라도, 30~40대 이상이 주로 보는 TV 예능에서 쉬지 않고 소환하는 1990년대 가요들이 이 사실을 선명하게 보여준

• Spotify. 미국을 거점으로 하는 세계 최대의 다국적 음원 스트리밍 서비스

다. 이 데이터는 '인간은 새로운 음악을 듣지 않게 되면서 늙기 시작한다'라는 나름의 결론으로 해석되기도 했다.

그런 면에서 상암동 사람들은 단순히 옷 입는 스타일만 젊은 게 아니라 정말로 젊은 것일지도 모른다. 저마다 좋아하는 음악은 따로 있겠지만 취향이 아니더라도 새로 나온 아이돌 신곡은 한 번씩 챙겨 들어야 한다. 일부러 챙겨 듣지 않더라도 방송을 만들다 보면 자연히 요즘 인기인 유행가들을 여러 차례 듣게 되고, 음반을 낸 가수가 직접 들고 찾아와 건네기도 하니 새 노래를 듣지 않기가 더 어렵다. 노래뿐이랴. 요즘엔 뭐가 제일 재미있고 인기인지 항상 눈을 크게 뜨고 찾아다니는 것이 일이니 새로운 자극과 정보로부터 숨을 수가 없다. (물론 그걸 힘써 찾아야 한다는 점이 나이가 들었다는 반증이긴 하다. 어린 나이일수록 이런 건 본능적으로 찾아낸다.)

옷차림도 실은 한몫한다. 사람들은 겉으로 보이는 자신의 외양에 스스로도 영향을 많이 받는다. 후드티에 청바지만 입다가 어떤 사회적 관문에 들어서며 정장을 갖춰 입게 되었다면 화장실 거울 앞에 설 때마다, 쇼윈도 앞을 지날 때마다 문득문득 비치는 낯선 자신의 모습에 맞춰 조금씩 태도를 수정해 갔을 텐데, 대학 시절 모습 그대로 (어쩌면 돈을 벌면서 더 과감해진 모습으로) 상암동에서 일하고 있는 사람들에겐 그럴 기회가 없었다. PD들이 정장을 입을 때는 방송통신심의위원회에 혼나러 갈 때뿐이다. 그래서 '정장 입는다'라는 말은 학창 시절 '교무실 불려간다'라는 말과 비슷한 용도로 쓰인다. 출연자가 수위 높은 농담을 하면 "어우, 그러다 저 정장 입어요!" 하는 식으로.

상암동 안에서도 유독 예능 PD들이 그런 경향이 더 심한 것 같긴 하다. 어쩌다 1년에 한두 번 부서 총회라도 열리면 회의실을 꽉 채운 예능 PD들에게서는 본부장님 말 한마디가 끝날 때마다 무슨 말꼬리를 잡고 농을 걸어볼까 맷돌 굴리는 소리가 곳곳에서 들려온다. 심지어는 동료가 상주인 장례식장에서도 호시탐탐 우스갯소리 던질 타이밍을 찾는다. 위로하는 마음은 같지만 입술을 깨물고 함께 슬퍼하기보다 적당히 말의 무게를 덜어낸다. 눈물도, 입술도 말라붙어 있던 상주가 별안간 어처구니없다는 듯 웃음을 터뜨린다면 그 자리엔 십중팔구 막역한 사이의 예능 PD들이 앉아 있다.

생각해보면 이쪽 일에 해당하는 것들이 대개 어릴 때 부모가 주로 권장하기보다는 그것 좀 그만 들여다보라며 등짝 때리는 쪽에 가까웠을 게 분명하다. 여기서 '그것'에는 TV, 컴퓨터, 게임, 만화, 음악 등 여러 가지가 들어가겠지만, 그게 뭐였든 등짝을 끝없이 내어드리면서도 나이 서른이 코앞에

올 때까지 꿋꿋이 버티다 결국 업으로 삼기에 이른 사람들이 니 뭐 얼마나 성숙하고 철이 들었겠느냔 말이다.

나는 계절과 계절 사이, 공기의 냄새가 변할 때 자주 설렌다. 특히 그 시기 사람들의 제멋대로인 옷차림을 좋아한다. 벌써부터 패딩을 꺼내 입은 사람과 아직도 반팔, 반바지로 다니는 사람이 한 거리에 공존하는, 사람들이 아주 지 멋대로 지 철대로 입고 다니는 그 애매한 풍경이 재밌고 즐겁다. 그런 즐거움이 상암동을 거닐 때도 있다. 세상을 사는 각자의 온도대로 입은 옷차림들. 거기에 대해 누구도 뭐라고 하지 않는 동네. 좋아하는 일을 따라와 그걸로 먹고사는 어른이 되었고, 그래서 조금은 철이 부족하게 든 어른들이 있는 곳. 일하다 잠시 커피 한 잔 사러 나왔을 때 눈에 보이는 사람들이 이렇게 다들 조금씩은 어른이 되다만 모양이라 좋다. 덕분에 월요일 아침 출근길이 귀찮고 피곤해도 지독히 우울했던 적은 없으니 이 정도면 꽤 복 받은 직업 아니겠는가.

아, 한 가지 정정. 월요일 아침 출근이라니. PD들은 아침에 출근하는 일이 별로 없다. 12시에 점심 약속 있으면 그게 그날의 가장 빠른 일정일 때가 많다. 점심 전에 출근하면 텅 빈 회사가 한적하다. 다들 빨라봐야 새벽 2시쯤 퇴근했을 테니까. ……방금 내가 복 받은 직업이라고 했던가?

처음 MBC에 입사했던 날들을 기억한다. 당연히 떨어질 거라 생각했던 최종 합격 소식에 얼떨떨했던 기억. 처음 출근하던 날이 최장기 파업을 시작하던 날이라 온통 어수선했던 분위기. 첫 회식 자리에서 난생 처음 제대로 된 소고기를 먹어보고 '이것이 대기업 법인카드의 맛이구나' 실감했던 감동의 맛.

그 여러 장면들 속에서도 '내가 이곳의 일원이 되었구나' 하는 생각에 가장 벅차올랐던 순간은 입사하고 처음 참석한 예능본부 총회 자리였다. 회사의 예능 PD 전원이 한자리에 모여 중요한 안건들에 대해 듣는 시간. 다들 제작으로 바쁘고 팀마다 일정도 제각각이다 보니 모두가 모이는 일은 1년에 두세 번 정도로 드물었고, 주로 대대적인 개편에 맞춰 프로그램 배정이나 신입사원 소개 같은 큰 소식이 있을 때 열리곤 했다.

신입사원을 소개하는 자리였으니 당연히 공식적으로 감격할 시간 아니었나 싶겠지만, 이미 입사하고 6개월의 파업이 끝난 뒤였다. 기나긴 파업 현장에서 선배들 얼굴은 잔뜩 보아온 터라 뒤늦게 마련된 형식적인 소개 자리의 감흥이야 대단치 않았다.

　내가 전율을 느낀 장면은 회의실을 가득 채운 예능 PD들의 모습 그 자체였다. 시작 시간에 딱 맞춰 도착한 덕분에 이미 많은 PD들이 다닥다닥 붙어 앉아 있었다. 커다란 회의실 가운데에는 꽤 여러 사람이 둘러앉을 수 있는 기다란 책상과 의자들이 있었지만 그쪽은 깨끗하게 비어 있었다. 다들 눈에 띄는 중앙에는 죽어라 앉기 싫은지 벽을 따라 놓인 간이의자와 (심지어는) 라디에이터 위에 슬금슬금 엉덩이를 비집고 앉은 상태였다. 예능 PD들이란 어쩐지 철이 조금 늦게 드는 어른들일지도 모르겠다는 생각을 그때 처음 했던 것 같다.

　어림잡아 쉰 명 정도였다. 당시 예능본부 PD 정원이 60명 조금 넘었으니 휴직과 유관 부서로 빠져 있는 사람들의 숫자를 고려하면 관리자 급부터 말단 조연출까지 MBC의 현직 예능 PD 전원이 한눈에 보인 셈이었다.

　일본식 소년만화를 좋아하는 사람이라면 아마 이런 장면을 쉽게 떠올릴 수 있을 것이다. 장르가 무술이 됐든 스포츠가 됐든 혹은 그 어떤 종류의 전문 영역이든 간에, 비범한 재능과 열정을 지닌 주인공이 자신이 속해 있던 작은 세계에서 조금씩 두각을 드러내다가 처음으로 더 넓은 세계에 입성하는 바로 그 장면. 보통 전국 단위의 큰 대회 같은 곳에 참가하게 되고, 거기서 이름난 실력자들을 보며 피가 끓어오른다. ("앗! 저 사람은 그 유명한 '사막의 흑장미'잖아! 출전한 첫 대회에서 8연승 챔피언을 단 두 라운드 만에 기권패시킨 전설을 여기서 보게 될 줄이야!" 물론 여기서 실시간으로 이 설명을 넣는 건 주인공이 아니라 옆에 있는 친구여야 한다.)

회의실에 들어선 순간 내가 왜 벅차올랐는지 단번에 이해되지 않는가. 저 소년만화에서 '비범한 재능과 열정' 부분만 빼면 고스란히 나였다. 일단 들어서자마자 김태호 PD가 제일 먼저 눈에 들어왔고, 내가 TV를 가장 열심히 보던 시절의 〈느낌표〉와 〈나는 가수다〉를 만든 김영희 PD도 있었다. 군복무 시절 챙겨보던 〈우리 결혼했어요〉를 만든 PD는 저기 앉아 있구나, 저쪽 저 선배는 〈무릎팍도사〉를 했다고 했지. 이리저리 눈길이 바빴다. 그전에도 곳곳에서 한 번씩 만나온 선배들이었지만 한자리에 모여 있으니 느낌이 사뭇 달랐다. 아주 어릴 적부터 내 삶을 채워온 프로그램의 주역들이 한눈에 들어오자 잠시 어질할 정도였다.

당시만 해도 일상을 채우는 건 아직 TV였고, TV란 지상파 3사를 뜻했다. 종합편성채널은 이제 막 생겨났고 'tvN'이나 '엠넷' 같은 CJ 채널의 존재감도 아직 미미했다. 구독형 스트리밍 서비스는 먼 미래의 일이라 집에서 영화를 보는 것은 꽤나 번거로운 일이었고, 커뮤니티에 더 가까웠던 유튜브는 이제 막 본격적인 콘텐츠 사업자가 되기 위해 시동을 거는 중이었다. 곳곳에서 "TV의 시대는 곧 끝날 것이다"라는 예언이 등장하는 중이었으니 역설적으로 TV가 가장 만개한 시기이기도 했다. 어떤 산업이든 성숙기에 이르러 가장 화려할 때 슬금슬금 종말을 예언하기 마련이니까.

그렇게 전 국민의 여가를, 적어도 예능만큼은 여기 앉은 수십 명이 상당 부분 책임지고 있지 않은가. 나머지 방송사들도 얼추 비슷한 규모에, KBS는 좀 더 큰 조직이라는 걸 감안해도 3사 예능 PD를 다 합치면 300명 정도. 고등학교 한 학년 정도 규모의 사람들이 이 모든 걸 만들고 있구나. 수많은 한국인들의 삶 구석구석을 어루만지는 예능 프로그램들이 고작 이 한 움큼 사람들의 손끝에서 시작된다는 사실이 경이로웠고, 그 사이에 내가 앉아 있다는 것이 믿어지지 않았다. 물론 일을 하면서 방송이 단순히 PD 한 사람의 산물이 아니라는 것은 금세 배웠지만, 그럼에도 여전히 모든 책임과 평가를 오롯이 받으면서, 그리고 누구보다 '자기 것'이라 생각하며 임하는 사람은 PD다.

　그러나, 그래봤자 회사원, 거대한 조직의 구성원들일 뿐인데 한 사람 한 사람에게서 왜 그렇게 진한 아우라를 느꼈을까? 이 질문에 대한 답은 맨 처음 저 벅찬 기분을 느낀 뒤 본격적으로 일을 시작하면서 받은 충격으로 설명할 수 있을 것 같다. 충격은 이런 거였다. "이렇게까지 체계가 없다고?"
　상상할 수 있겠는가, 전 국민에게 송출되는 거대한 방송의 제작 과정이 실상 주먹구구에 가깝다는 사실을 깨달았을 때의 충격을. 나는 MBC가 첫 직장이었으니 다른 직장을 경험해본 것은 물론 아니지만, 적어도 군복무 때 일했던 지휘통제실이나 고향의 교회 행정실도 이것보다는 시스템이 있었던 것 같다. 문서가 있고 기록이 남고 저마다의 담당업무가 있어서 개인의 역량과 별개로 의지할 수 있는 구조가 있었다.
　MBC에서는? 많은 것이 말로 이루어졌다. MBC뿐 아니라 다른 방송사들도 비슷했겠지만 당시만 해도 대부분의 예능에서 출연자와 계약서도 쓰지 않는 것이 보통이었다. 출연료를 얼마로 할지, 언제까지 출연할 것인지는 소속사와 구두로 정리하면 특별한 계약서 없이 그대로 정산이 되었다. 방송사야 늘 그 자리에 관공서처럼 있는 만큼 떼어 먹는 일은 없으니, 서로 그러려니 하며 믿어준 셈이다. 계약 기간이랄 것도 딱히 없다. 16부작이다, 24부작이다, 딱 정하고 시작하는 드라마와 달리 '레귤러'라고 부르는 정규 편성 예능은 종료 시점을 정하지 않은 채 '끝나야 끝나는' 시스템이니까. 방송사가 아닌 카카오TV로 이직하고 나서야 그게 일반적이지 않다는 것을 깨달았다. 행정 담당자가 출연 계약서를 요구하는 것이 아닌가. 그런 걸 쓴 적이 없다고 하자 마주하게 된 뜨악한 표정. "매주 몇 백 만 원씩 돈이 오가는데 계약서를 안 쓴다고요?" 그러게요. 듣고 보니 맞는 말이네요. 그런 표정 지으실 만해요.

제작하면서 협업을 구해야 할 부서가 생겼다? 그럼 그걸 누구 도움으로 해결해야 하는지 알아내는 것부터가 PD의 일이다. 알음알음 수소문을 통해 알아냈다면, 이제 찾아가서 말을 잘 해야 한다. 부탁할 상대의 유형에 따라 전략도 잘 세워야 한다. 상대가 일 욕심이 많은 스타일이라면 이게 얼마나 재밌고 유의미한 작업이 될 것인지를 피력하며 그 공을 잘 세워줘야 하고, 워라밸을 중시하는 사람이라면 충분한 여유와 정확한 디렉션으로 효율적인 작업이 될 것이라 안심을 시켜드려야 한다.

물론 방송 제작이 아닌 다른 많은 일들도 비슷하게 돌아간다. 서류 이전에 교감이 있고, 유관부서와 말을 잘 주고받아야 한다. 다만 방송은 다른 일에 비해 프로그램이 잘 되든 망하든 그 평가를 PD 한 사람이 유독 오롯이 다 받는다는 점이 다르다. 좀 더 정확히는 망했을 때 그 괴로움을 다 끌어안는 사람이 PD다. 프로그램이 잘되는 이유는 여러 가지가 있다. 출연자가 잘했을 수도 있고 편성이 좋았을 수도 있다. 사실 한두 가지 장점만으로는 성공하기 어려웠을 테니 다 같이 잘했다는 뜻이 된다. 상찬은 모두가 나눈다. 하지만 결과가 안 좋으면 그건 모두 PD의 책임이다. 연출이 별로여도, 출연자가 실수했어도, 미술이 이상했어도 결국 다 PD 잘못. 망할 때 제일 괴로운 사람이 진짜 주인이다.

　그러니 욕심도 PD가 제일 많을 수밖에 없다. 하지만 PD 혼자서는 아무것도 할 수 없으니 함께 일하는 사람들도 그 욕심을 공유할 수 있도록, 혹은 욕심을 공유하지 않고서도 만족스러운 결과물이 나오도록 하는 것이 PD의 일인 것이다. 모든 것은 'PD가 하기 나름'이 된다.

PD 본인이 시스템이다

모든 것이 'PD 하기 나름'인 주먹구구 제작 시스템. 돌아보면 그게 바로 수십 명의 PD들 각각으로부터 저마다의 기운을 느끼게 만든 힘이기도 했다. 일을 할수록 이 일의 그런 점이 마음에 들었다. 정해진 형식 없이 직접 찾아가 얼굴과 말로 설득하는 과정이 많다는 것은 그만큼 각각의 PD에게 주어진 재량이 많다는 뜻이고, 그건 다시 말해 회사가 PD 한 사람 한 사람을 신뢰한다는 뜻이기도 하니까.

잘 갖추어진 시스템의 목표는 원래 '대체 가능성'이다. 쉽게 말해 "너 없어도 잘 돌아가"는 상태가 이상적이란 뜻이다. 저 위대한 만화 〈미생〉의 초반부에도 그런 장면이 나온다. 신입 인턴 장그래가 선배의 지시로 파일을 정리하는 업무를 맡았는데, 기존의 체계가 애매한 구석이 많아 자신만의 논리로 새롭게 정리해본다. 나름 기존 방식보다 더 합리적이라 자부했는데 그걸 본 선배의 첫 마디. "당신이 뭔데?" 이 대목에서 독자는 장그래와 함께 가슴이 덜컹한다. "내가 정해서 준 파일 구성은 이 회사 매뉴얼이야. 모두가 같은 이해를 전제하고 있다고. 당신이 이렇게 고치면 문제 있을 때 당신에게 문의해야 하나?"° 이게 시스템이다. 그 자체로 얼마나 우수한가와 별개로, 내가 하루아침에 다른 사람으로 대체되어도 일이 돌아가게끔 만드는 것.

애초에 일터에 체계적인 시스템을 도입한 가장 유명한 사람, 프레드릭 테일러 Frederick W. Tayler 의 이름을 딴 '테일러리즘'은 학계에서 '저신뢰체계'라는 이름으로 불려왔다. 구상하는 사람과 실행하는 사람을 분리시키고, 실행하는 사람에게는 가장 효율적으로 일하는 방법을 아주 꼼꼼하게 알려주는 시스템. 그러니까 생각하는 사람은 따로 있고, 손발을 직접 움직이는 사람에게서는 생각하는 수고를 덜어주겠다는 거다. 그래서 '테일러리즘'의 매뉴얼에는 노동자의 일하는 자세와 시간당 이상적인 생산량까지 빈틈없는 관리 기준이 적혀 있었다. 노동자를 이렇게 효율적인 기계로 상정하는 테일러리즘은 찰리 채플린의 고전 〈모던 타임즈〉가 묘사하듯 사람을 마른 걸레 짜듯 마지막 한 방울까지 뽑아먹는 잔인한 자본주

° 　윤태호, 〈미생〉 1권, 100p.

의의 상징처럼 여겨졌다. 사실 테일러의 의도는 오히려 무능한 관리자가 노동자를 지나치게 착취하면 양쪽 모두에게 손해라는 생각에 상생을 고려한 것이었다고 하니 조금 억울한 오해일지도 모르겠지만, 어찌됐든 노동자가 못 미더워 그 고민을 나서서 대신 했다는 사실에는 변함이 없다.

　반면 주먹구구라고 할 만큼 체계 없는 방송사 예능의 제작 방식은 곧 PD 한 명 한 명이 그 자체로 시스템이라는 뜻이 된다. 극한의 '고신뢰체계'인 것이다. 한 프로그램 안에서는 그 어떤 결정 사항도 메인 PD를 거치지 않는 것이 없다. 메인 MC 결정부터 사소한 자막의 디자인 하나까지 PD를 거쳐야 결정이 이루어진다. 테일러리즘의 매뉴얼과 비교하면 비효율적이기 짝이 없다. 하지만 매뉴얼은 자동차 공장처럼 모든 공정이 예측 가능한 상황에서만 힘을 발휘한다. 예상외의 상황을 만나면 무용지물이다. 방송 제작 현장은 이야기와 사람을 다루는 곳인 만큼 모든 것이 변수이다. 심지어 예능에서는 쓰인 대로 읽는 대본도 없다. 돌발 상황이 발생하면 매뉴얼과 시스템을 거칠 새 없이 바로 현장에서 재량껏 판단을 내려야 한다. 방송시간은 정해져 있기 때문에 지체할 시간도 없다. PD는 매순간 시스템 없이 스스로 결정을 내려야 하는 사람이다.

모든 결정 사항이 메인 PD를 거친다는 뜻은 일단 메인 PD만 거치면 바로 실행이 이루어진다는 뜻이기도 하다. 견고한 시스템을 갖춘 많은 기업에서는 의사결정이 몇 단계에 걸쳐 이루어진다. 실무자 단계에서 매력적이었던 아이디어도 팀장급, 상무급, 임원급으로 보고가 올라갈 때마다 점점 원본에서 멀어진다. 실제로 결정해야 하는 내용과 별개로 보고를 위한 모양을 갖추기 위해 에너지가 몇 배로 쓰인다. 실무진이 오랫동안 진행한 사항도 임원급 보고에서 반려되면 처음부터 다시 시작하는 상황도 벌어진다. 물론 실무자 단계의 아이디어가 반드시 더 좋으리란 법도 없고, 이렇게 여러 단계를 거치기 때문에 실패의 위험을 보수적으로 줄일 수 있다. 말 그대로 시스템의 힘인 것이다. 하지만 매주 방송을 만드는 PD에겐 늘 시간이 없고, 그래서 많은 결정을 직접 실행할 수 있는 재량이 있다. 그 결정에 대한 평가도 본인이 받는다. 자신의 판단을 외부에 위탁하지 않고 일할 때 견고해지는 사람의 모습이 있다. 총회장에서 마주한 수십 명의 PD들에게서 느낀 압도감은 각각의 PD들이 다져온 그 견고함 때문이었을 것이다.

하지만 견고함이 '나쁜 방향'이면 문제가 커진다. 한 사람이 그 자체로 시스템인 일터는 이상적일 때야 재량과 개성이 십분 발휘되는 현장이겠지만, 그 한 사람의 실력이나 책임 감이 부족하면 순식간에 지옥이 될 수도 있다. 모든 결정이 메인 PD를 거쳐야 하는 현장에서 그 메인 PD가 고민이 너무 많은 사람이면 모두가 무한 연장 근무에 들어가게 될 것이다. 한정된 제작비 안에서 의욕은 넘치는데 끝내 타협하지 못한다면 누군가를 착취하는 결과로 이어질 수도 있다. 내 입으로 좋다고 얘기하긴 했지만, 시스템을 개인 재량에 맡기는 것은 당연히 그만큼 위험하다.

그러니까 그렇게 치열한 경쟁률을 거쳐 사람을 뽑는 것 아니냐고 하는 이도 있다. 그래봐야 결국엔 복불복이라는 거 실은 회사도 잘 알고 있다. 채용 업무를 해본 사람들이 입을 모아 말하듯, 신입을 아무리 공들여 뽑는다 한들 진짜 현장에서 어떤 모습일지는 모르는 일이다. 가봐야 안다. 그러니까 정확하게 말하자면 그동안은 자신이 있었던 거다. 복불복의 결과를 감당할 자신이. 지상파 3사가 국민 여가의 대부분을 책임지던 시절의 TV는 여유가 있었다. 기껏 뽑아놓은 PD가 기대에 좀 못 미치더라도 자꾸 기회를 주고 좋은 동료들과 부대끼다 보면 한 사람 몫의 시스템 노릇을 하게 되리라 믿는 여유. 설령 끝내 그렇게 못 되더라도 두터운 회사의 역량이 이런저런 구멍을 메워줄 수 있다는 여유.

출연 계약서를 쓰지 않았던 것도 그런 특권적 지위의 덕이 컸다. 독점적인 플랫폼이라 출연자를 섭외할 때도 '출연해주십사'가 아니라 '한 번 출연시켜줄게'에 더 가까웠으니 계약서가 다 무슨 소용이었을까. 무엇보다 당시의 출연료란 정말 방송에 한 번 출연하는 일회성 수당이었으므로 복잡한 계약서가 필요 없었다. 지금은 한 번 만들면 처음 전파를 타는 것은 시작에 불과하고, 수많은 2차 플랫폼으로 재전송과 판매가 이어지니 권리 관계가 복잡해진다. TV 외에 더 매력적인 다른 선택지도 많이 생겼다. 계약서가 필요해진 것이다. 이제 TV에게 여유란 없다.

요즘 새로 입사하는 신입 PD들에게는 내가 첫 총회에 참석할 때 느꼈던 수준의 경이로움은 더 이상 없지 않을까. 그 기억이 고작 10년 전인데 이제 방송만 따져도 지상파 3사와 4개의 종합편성채널, CJ 계열의 대표적인 케이블 채널들까지 더하면 같은 시기에 방영되는 TV 예능만 100개를 가뿐히 넘긴다. 예능만 그렇다, 예능만. 드라마, 시사교양 프로그램을 더하면 몇 배 늘어난다. 게다가 요즘 대세를 점령한 스트리밍 서비스는 자체 오리지널 시리즈뿐 아니라 과거의 프로그램도 현역으로 불러오고 해외 콘텐츠까지 나란히 내어놓으니, 한 사람이 인지할 수 있는 수준을 한참 넘어선다. 유튜브는 그 자체로 무한한 세계이니 이미 논외다. '요즘 뭐 재밌어?'라고 물어봐도 서로의 답변이 교차할 가능성은 점점 희박해진다. 발목부터 차오르던 'TV시대의 종언'은 비로소 턱끝까지 그 실감이 다다랐다.

아직은, 그래도 아직은 여전히 TV에 힘이 남아 있다. 시청률 5프로는 '대박'이 아니지만 인구 대비로 환산하면 약 250만, 유튜브 조회 수라면 충분히 대박인 수치다. 게다가 조회 수 100만과 시청 인구 100만은 그 무게감이 다르다. 제법 잘나가는 채널도 조회 수 100만을 찍는 데 걸리는 시간은 저마다 다르지만, 시청 인구 100만은 방송이 나가는 딱 한 시간 동안 100만 명이 동시에 TV 앞에 앉아 있었다는 뜻이다. 10킬로그램의 힘을 손바닥으로 누를 때와 송곳으로 누를 때 전혀 다른 힘인 것처럼 같은 숫자도 집중도에 따라 그 파급력이 다르다. 그래서 여전히, 너 보는 유튜브 다르고 나 보는 넷플릭스 다른 와중에 TV는 좀 더 쉽게 화제에 오를 수 있다. 모두가 동시에 본 것은 떠들기도 훨씬 즐거우니까.

남아 있는 이 힘은 이제 어디로 흘러갈까? 여유가 없어진 기업은 더 이상 위험을 감수하지 않는다. 그 과정을 먼저 겪은 해외 시장에는 한국처럼 '시스템을 대체하는 PD'가 남아 있지 않다. 체계는 공고해지고 책임은 분산됐다. 모든 요소는 예측 가능한 범주 안에서 다뤄져야 한다. 한국 방송계의 주먹구구 방식보다는 분명 좋은 점들이 훨씬 많을 것이다.

다만 한국의 방송에서 시스템의 공백을 개인의 색깔로 채워온 개성은 분명 있다. 예능으로 분류되는 해외 프로그램들을 본 사람이라면 느꼈을지 모르지만, 한국의 유행과 비교해 어딘지 묘하게 낡은 느낌이 있다. 사실 한국 방송계가 영향을 많이 받아온 일본을 제외하면 대부분의 해외 시장에서는 '예능'이란 이름의 종합적인 장르 분류 자체가 존재하지 않는다. 굳이 찾자면 드라마를 뜻하는 'scripted(대본이 있는)'의 반대 개념으로 'non-scripted(대본이 없는)'라는 분류 정도가 있는데, 대본이 없다는 말 그대로 우리가 생각하는 예능 프로그램에 다큐멘터리까지 포함하는 개념이다. '예능'이란 이름의 두루뭉술한 분류 대신 좀 더 전통적이고 구체적인 '쇼'의 분류가 통용된다. 서바이벌쇼, 토크쇼, 게임쇼 같은. 국내에서는 이미 20년 전에 전성기를 누리고 퇴장한 〈출발 드림팀〉류의 게임쇼가 해외에서는 여전히 먹힌다. 한국의 방송은 늘 새로움을 좇기 때문에 전통적인 장르 분류에 명확하게 속할수록 낡았다는 느낌을 받는다. 점점 더 특정 장르로 분류하기 어려운 콘텐츠가 계속 나오고, 분류에 속하지 않는 공백을 PD 개인의 색깔로 채워 새로운 장르처럼 만들기도 한다. 전통적인 장르들은 포맷의 공식이 명확해 연출자의 재량이 끼어들 여지가 상대적으로 적다.

흔히 '칸 영화제' 하면 매년 열리는 시상식을 대표적으로 떠올리지만, 이 행사의 주된 목적 중 하나는 전 세계의 바이어가 모이는 필름마켓이다. 세계 곳곳에서 온 수입사들이 영화제에 열린 장터에서 자국에 수입·배급할 영화를 고르고 거래한다. 그리고 이 남프랑스 해변 도시에서는 매년 영화뿐 아니라 세계의 광고와 방송 프로그램으로도 비슷한 행사가 열린다. 방송마켓의 경우 크게 두 가지 형태로 거래가 이루어지는데, 프로그램 구매와 포맷 구매다. 프로그램 구매는 말 그대로 이미 완성된 프로그램의 영상을 그대로 구매해 자막을 입히거나 더빙을 거쳐 자국에 송출하는 경우이고, 포맷 구매는 기획안 혹은 원작을 구입해 자국의 제작진과 출연진으로 새롭게 촬영해 방송하는 경우이다. 포맷 판매의 경우 사용할 제목부터 어떻게 구성하고 연출할 것인지에 대한 상세한 가이드가 따라붙는다. 그리고 이 마켓에 한국 방송 관계자가 나타나면 자주 듣는 소리. "너넨 포맷 안 사잖아!" 한국의 주먹구구식 제작 시스템은 세계적으로도 검증을 받은 셈이다.

하지만 세계의 예능 시장은 이미 이런 포맷 시장으로 정착한 지 오래다. 국내에 정식으로 수입되었던 〈마스터셰프〉나 〈도전수퍼모델〉 시리즈 같은 포맷도 그렇고, 반대로 국내에서 해외로 판매에 성공한 〈복면가왕〉이나 〈히든싱어〉 같은 프로그램도 연출자의 재량보단 깔끔한 포맷이 돋보이는 프로그램들이다. 공식이 명확한 포맷은 연출자가 바뀌어도 예측 가능성을 담보한다. 시스템이다.

주먹구구 시스템 안에서는 PD가 혼자 프로그램을 구상할 때 어떤 원초적인 개념에서 출발할 때도 있고, 반대로 구체적인 장면에서 영감을 얻어 시작할 때도 있다. 생각의 출발과 흐름이 자유롭다. 하지만 시스템이 갖춰진 곳에서는 여럿이 함께 포맷을 만든다. 데이터가 모이고 경우의 수를 헤아리며 모두가 이해할 수 있는 모양을 갖출수록 좋은 포맷이 된다. 이 과정에서 예측 가능성을 벗어나는 예외적인 질감은 마모된다. 한국의 1인 PD 문화가 장인에 가깝다면 시스템이 만드는 포맷은 기성품에 해당한다. '장인'과 '기성품'이란 단어에 오해는 없길 바란다. 주변에 장인이 만든 물건 사서 쓰는 사람 있나. 현대인은 다들 잘빠진 기성품을 더 좋아한다.

한국 방송의 시스템 없는 시스템이 만들어온 특유의 질감은 분명 가치가 있다. 그 질감의 원천인 PD 한 사람 한 사람의 자유로움과 견고함을 나는 사랑한다. 시대가 바뀌고는 있지만, 내가 느꼈던 그 단단한 경이로움이 전설 같은 이야기 저편으로 사라지지 않았으면.

죽이든 밥이든
60분은 채워야 한다

여느 때처럼 〈톡이나 할까?〉 촬영을 마치고 들어온 날. 다른
PD 후배들은 촬영 분량을 정리하러 편집실로 향하고 나는
작가들과 다음 촬영을 준비하기 위해 회의실에 앉았다. 그런
데 얼마 지나지 않아 편집실에 있던 조연출이 하얗게 질린
채 뛰어오는 것이 아닌가. "선배, 큰일 났어요……!" 촬영한
오디오 파일이 통째로 날아갔다는 거다. 카메라 촬영 파일에
문제가 생기는 경우는 왕왕 있다. 이런 경우 예능 촬영 현장
에선 여러 대의 카메라를 동시에 돌리니 다른 카메라로 어찌
어찌 때우기도 한다. 하지만 오디오 파일이라니. 이건 대체
할 수 있는 방법이 없다.

흔히 영상 콘텐츠에서는 영상이 제일 중요할 거라 생각하
겠지만, 사실 감상 경험에는 영상보다 음성, 즉 오디오가 더
영향을 많이 끼친다. 좋은 카메라를 써서 이른바 때깔이 훌
륭해도 오디오가 조악하면 아마추어 영상같이 느껴지는 반

면, 다소 화질이 촌스럽더라도 오디오가 선명하고 깔끔하면 보는 사람들도 훨씬 안정감을 느낀다. 재미의 상당수는 '언어'에서 오기 때문이다. 그래서 대부분의 예능 편집 또한 오디오 중심으로 먼저 내용을 만들고, 그 위에 걸맞은 영상을 얹는 식으로 이루어진다. 그러니 오디오 파일에 문제가 생겼다면 비상 중의 비상이다. 파일 복원도 시도해봤지만 실패. 당장 나흘 뒤에 방송은 나가야 한다. 일단 호흡을 고르고 사색이 된 조연출을 향해 말한다. 내가 조연출일 때 선배들에게 자주 들었던 말이자, 나 자신이 메인 PD가 된 이후로 가장 많이 하게 된 말. "괜찮아요. 방송은 어떻게든 나가게 되어 있어요."

매주 나가는 방송을 만드는 PD에게 다른 모든 것은 포기해도 마지막까지 지켜내야 하는 단 한 가지가 있다면 무엇일까? 시청률? 완성도? 공정성? 이런 것들의 우선순위는 PD마다 다르겠지만 그 모든 것을 뛰어넘는 한 가지를 꼽으라면 역시 편성이다.

편성. 무슨 요일 몇 시 몇 분에 60분짜리, 혹은 75분짜리 프로그램이 전파를 타야 한다는 약속. 즉 방송은 반드시 정해진 시간에, 정해진 분량으로 완성되어야 한다는 뜻이다. 최종 결과물이 PD 스스로 생각하는 완성도에 조금 못 미치더라도, 혹은 이 날처럼 기껏 촬영해온 파일에 기술적인 문제가 생기더라도 그건 고려 사항이 아니다. 그렇거나 말거나 방송은 예정대로 나가야 하는 것이다.

'채우기로 약속한 자리는 무슨 일이 있어도 채워줘야 하는 것'은 아날로그가 태생인 미디어의 숙명이다. 디지털과 대비되는 아날로그만의 가장 큰 특징은 연속성이다. 디지털은 A가 없어도 B가 존재할 수 있고, B와 상관없이 C가 있거나 없을 수 있지만, 아날로그는 A가 있어야 B가 있고 B가 있어야 C가 따라온다. 무슨 말인고 하니, 신문사의 디지털 지면에는 오늘 싣기로 한 기사가 미처 마감을 맞추지 못해 올라오지 않아도 크게 티가 나지 않는다. 융통성 있게 업로드 일정을 조정해줄 수 있다. 하지만 종이 신문은 얘기가 다르다. 해당 지면을 백지로 비워놓은 채 발행할 수는 없다. 무슨 일이 있어도 인쇄 들어가기 전까지 마감해서 지면에 앉혀야 하고, 끝끝내 못 맞추면 다른 대체 기사라도 때워 넣어야 한다.

방송도 마찬가지다. 넷플릭스나 유튜브 채널이야 5시에 공개되기로 했던 영상이 6시 공개로 밀린다 한들 기다리던 사람들에게 좀 미안할 뿐이다. 그마저도 완벽한 상태로 보여드리기 위해서라고 한다면 대부분 이해해줄 것이다. 하지만 TV방송은 5시에 송출되기로 했던 프로그램이 제때 들어오지 않으면 비상이다. 그 자리는 반드시 다른 영상으로 채워야 한다. 신문 지면을 공백으로 둘 수 없듯 TV 화면도 갑자기 검은 화면을 내보낼 수는 없으니까. 심지어 신문 기사야 2,000자 쓰기로 한 기사가 1,500자만 와서 여백이 좀 남는다고 한들 큰 흠이 아니지만, 방송은 70분짜리 편성인데 65분만 만들어져 왔다고 5분을 비울 수는 없다. 그럼 뒤 방송들을 5분씩 당기면 되지 않느냐고? 〈9시 뉴스〉는 반드시 9시 정각에 '땡!' 하는 시보와 함께 시작되어야 하는걸.

이렇다 보니 TV PD에겐 편성이 최우선이다. 하루만 더 있으면 더 잘 만들 자신이 있어도 정해진 날짜에 완성해야 한다. 60분을 만들기로 했으면 무조건 60분짜리로 완성해야 한다. 1분 안쪽으로 넘치거나 모자란 것까진 봐준다. 전체 방송을 운행하는 주조정실에서 이런저런 사내 광고나 자투리 영상을 조합해 시간을 맞춰준다. 하지만 거기까지다. 이번 주 방송은 40분에서 딱 끊는 게 긴장감이나 완성도 면에서 가장 적절하다는 확신이 있어도, 꾸역꾸역 20분을 더 채워 늘어지는 60분짜리로 만들어야 한다. 이번 주는 촬영이 너무 잘 돼서 재미있는 분량만 모아도 80분은 충분히 나오겠다 싶어도 눈물을 머금고 20분 잘라내고 60분만 내야 한다. 예능은 분량에 따른 콘티를 미리 정해놓고 촬영하지 않으니 이런 식의 분량 조절이 가능하지만, 이야기가 정해져 있는 드라마에서 유독 지난 방송분의 회상 장면이 많이 보인다면 분량 조절의 실패를 의심해볼 만하다.

이 악물고 채워야 하는 것이 분량뿐일까. 드라마 제작 현장의 오랜 문제 중 하나로 지적되어온 '쪽대본'도 어찌 보면 편성이 우선순위라서 벌어지는 일이다. 수목 드라마의 대본이 월요일에 나왔다고 생각해보자. 한주 전 월요일이 아니라 이틀 전 월요일이다. 이틀 동안 팩스로 날아오는 대본을 배우들이 소화해 찍고, 찍은 영상을 편집실로 가져와 잘라 붙이고 음악도 깔고 색보정도 해서 방송을 내야 하는 것이다. 상식적으로 불가능한 일이지만 약속대로 정해진 시간에 TV 앞에서 기다리는 시청자들은 제작현장에서 무슨 일이 벌어지고 있는지 알 수 없다. 아니, 알게 해서는 안 된다는 것이 편성 우선순위의 기본 전제다. 그러다 보니 완성도가 떨어지는 것은 물론이요, 현장에서 사람들이 다치거나 제대로 된 대우를 받지 못하는 경우도 많았다. 이런 현상에 대해 지속적으로 문제제기가 이뤄진 덕에, 최근에는 이런 식의 무리한 제작을 하는 일이 많이 줄어들었다. '어떻게든 방송은 나가게 되어 있다'는 말은 종종 이렇게 위험한 태도가 되기도 한다.

그에 비하면 오디오 파일이 날아가 버린 〈톡이나 할까?〉의

'방송을 어떻게든 나가게 만드는 일'은 비교적 수월하게 해결한 편이다. 〈톡이나 할까?〉는 글자로 대화하는 방송 아닌가. 방송 전체를 통틀어 목소리라고는 몇 마디 인사를 빼고 나면 전부 '아하, 에헷, 푸힛, 우왓' 하는 웃음과 감탄사뿐이다. 소리가 없어도 내용 전달에는 문제가 없는 드문 예능이다. 게다가 출연자는 두 명뿐. 그중 메인 MC인 김이나 씨는 그동안 같은 장비로 찍어놓은 소스가 잔뜩 있다. 어차피 사람의 감정 표현에는 습관이 있어서 비슷한 표정에서는 비슷한 소리가 난다. 아니나 다를까, 소리가 빠진 화면 위에 다른 촬영분의 소리를 가져와 얹었더니 감쪽같다.

문제는 게스트인데, 막막하던 차에 동료 PD의 한숨 소리가 유독 크게 들린다. 그런데 어라, 그 소리가 이번 주 게스트랑 비슷하다. "말소리야 아무리 비슷해도 다른 사람 티가 나겠지만, 숨소리나 피식 웃는 소리는 모르고 들으면 본인도 눈치 못 챌걸?" 내 말에 편집실에 있던 모두가 눈이 동그래졌다. 다른 때 같았으면 무슨 말도 안 되는 소리냐고 했겠지만, 사람이 막막해지면 거들떠보지도 않았던 가능성에도 몸을 던져본다. 아마 그 PD도 몰랐을 거다. PD 일을 하면서 더빙, 그것도 목소리가 아니라 숨소리 더빙을 하게 될 거라고는. 혼신의 힘을 다해 '푸흡' 하고 웃어보는 일은 확실히 진귀

한 경험이다. 역시 인생에서 새로운 가능성을 만나려면 막다른 위기에 부딪쳐보는 것도 나쁘지 않다.

결국 어떻게든 방송은 나갔다. 방송은 항상 그렇게 어떻게든 나가게 되어 있다. 수많은 타협과 말도 안 되는 눈속임들이 티 나지 않도록 겹겹이 포장을 두른 채. 다행히 어디에도 '소리가 좀 이상해요' 하는 댓글은 보이지 않았다.

방송은 기다려주지 않아,
아마 인생도

마스터피스를 여럿 남긴 영화 감독들의 인터뷰를 보면 '어떤 일이 있어도 절대 타협하지 마라'는 뉘앙스의 말을 자주 만난다. 함께 작업한 배우나 스태프가 고개를 내저으며 "아우, 그 감독님 진짜 디테일하세요" 하고 내놓는, 찬사와 성토를 센스 있게 뒤섞은 넋두리도 단골 메뉴이다. 평론가들이 공히 최고로 꼽는 소련의 거장 안드레이 타르코프스키^{Andrei} ^{Tarkovsky}는 영화 〈희생〉에서 집이 불타는 클라이맥스 장면을 찍다가 카메라가 고장 나는 바람에 집을 통째로 다시 지어 재촬영을 한 것으로도 유명하다. (그래도 두 번째 촬영 때는 좀 겁이 났는지 카메라를 두 대 돌렸다고.)

영화는 그럴 수 있다. 개봉일자를 맞추는 것보다 잘 만드는 게 더 중요하니까. 여러 차례 다양한 사람들과 시사를 거듭하며 편집도 다시 하고, 필요한 장면들은 재촬영도 불사하며 완성도를 높여간다. 관객들은 전혀 모를 텐데 감독 눈에만 보이는 사소한 오류조차 용납하지 않는 이들이 끝내 거장이란 타이틀을 얻는다. 타협하지 않는 것이 거장의 태도인 것이다.

음. 솔직히 말하면 순서는 반대인 경우가 더 많긴 하다. 거장이 되어야 타협하지 않을 수 있는 힘도 생긴다. 관객은 눈치도 못 채는 사소한 차이 때문에 재촬영을 한다? 재촬영하는 돈이 얼만데. 어지간한 거장이 아니면 엄두도 못 낸다. 그만큼 타협 없이 끝내 자신의 예술을 관철하고자 하는 태도는 두루 회자되는 거장의 필수 덕목이다.

반면 내가 10년 넘게 방송 PD로 일하며 배운 가장 중요한 태도는 타협하는 것이었다. 영화는 두 시간짜리 한 편을 1년, 아니, 그 이상의 시간을 들여 만들지만 방송은 매주 한 시간짜리를 한 편씩 만들어 내야 한다. 영상을 만들어본 사람이라면 한 시간짜리 영상을 매주 만들 때의 노동량이 어떨지 상상할 수 있을 것이다. 그 와중에 편성을 맞추려면 모든 의사결정이 신속해야 한다. 여기서 의사결정이란 많은 경우 '무엇을 포기할 것인가'에 가깝다. 예능 촬영 현장은 영화처럼 모든 콘티와 대본이 완벽하게 짜여 있지 않다. 예정된 구성안이 있지만 현장 상황이나 출연자들이 100퍼센트 그 예정대로 움직여주는 경우란 없다. 시시각각 달라지는 변수에 맞추어 원래 준비했던 것들 중 무엇을 버리고 어디에 집중할 것인지 빠르게 결정을 내려야 한다. 편집실에서도 입고 시간까지 분량에 딱 맞게 편집이 떨어지는 일은 드물다. 마지막의 마지막까지 밤을 새며 편성 분량에 맞추기 위해 10초, 20초씩 컷을 들어내고 붙이는 작업을 반복한다.

끊임없이 무언가를 포기하고 버리는 작업을 반복한다는 것은 결국 끝내 포기할 수 없는 것은 무엇인지를 단단하게 붙들고 있어야 한다는 뜻이기도 하다. 어떤 PD는 무조건 재미없는 장면부터 잘라낸다. 시청자들로부터 논란이 예상되어도 재미가 있으면 어떻게든 포장해서 안고 간다. 어떤 PD는 메시지를 향해 달려간다. 적당히 재미있는 장면도 메시지와 겉돌면 잘라내고, 조금 지루하게 느껴지는 장면도 차근차근 쌓아가는 과정이라고 판단하면 시청자가 인내해주길 간절히 바라며 화면 속에 남겨둔다. 수없는 타협을 거칠수록 각자가 꼭 보여주고 싶은 것이 무엇이었는지 형체가 드러난다.

물론 그게 뭔지 PD 자신도 모를 때가 있다. 그러면 PD도 괴롭고 함께 일하는 동료들도 괴롭다. 확신이 없으니 '일단 만들어서 한 번 보자'가 된다. 이렇게 만들어봤다가 아닌 것 같으면 저렇게도 만들어본다. 일이 두 배, 세 배가 되는데 방송이 나가야 하는 시간은 정해져 있으니 결국 자야 할 시간을 계속 가져다 쓴다. 타협할 수 없는 장면에 공을 들이느라 밤을 샐 때는 다 함께 달려간다는 고양감이라도 있지, 뭘 타협해야 할지 몰라서 헤매느라 밤을 새고 있는 팀은 곳곳에서 곡소리가 나온다. PD의 타협하는 능력, 즉 우선순위를 정확하게 알고 있는 능력은 방송의 완성도를 위해서도 중요하지만 제작 현장의 첫 번째 복지이기도 하다.

PD가 아니더라도 우선순위를 알고 타협하는 능력은 중요하다. 인생에서 아무것도 타협하지 않은 채 모든 것을 갖출 수 있는 순간은 드물다는 말조차 후하니까. 우리는 늘 무언가를 선택하면 다른 것을 포기해야 한다. 끊임없이 타협을 거치며 살아야 한다. 사소한 것 하나도 타협하지 않는 거장은 마스터피스를 남기지만, 사소한 것 하나도 타협하지 않는 PD가 만나게 될 것은 방송사고이다. 삶이 거장의 예술이면 좋으련만, 실제로는 완성도를 기다려주지 않고 시시각각 다가오는 방송시간에 더 가깝다. 삶은 기다려주지 않는다. 시간이 되면 어떻게든 나가게 되어 있는 방송처럼.

이름을 붙일 수 없는 일들

두 명의 부부가 집안일을 분담한다고 해보자. 맞벌이인 만큼 분담도 한 명에게 쏠리지 않도록 고민한다. 장 보고 요리하는 건 나. 설거지하고 쓰레기 정리하는 건 너. 세탁기 돌리고 개서 널어놓는 건 너. 청소기 돌리고 정리정돈 하는 건 나. 떠올릴 수 있는 집안일을 최대한 꼼꼼히 나눠본다. 하지만 집안일을 해본 사람이라면 알 것이다. 집을 유지하고 관리하는 과정에는 이렇게 이름을 붙이기조차 애매할 만큼 소소한 과정들이 너무 많다는 것을. 다 쓴 수건을 새 수건으로 바꿔 걸고, 대청소가 아니더라도 욕실의 물기나 머리카락, 거울의 얼룩 등을 수시로 정리하고, 피곤해서 여기저기 벗어놓은 옷을 그때그때 다시 치우고, 냉장고와 냉동실 속 식재료들의 상태를 꾸준히 점검하며 적절히 소비하거나 버리고…… 이렇게 정확히 분담하기 어려운 일들이 자꾸 눈에 밟히는 한 명의 몫으로 몰리기 시작하면 이제 싸움이 난다. 그게 잘 안 보였던 쪽에서는 약속한 대로 잘해왔는데 갑자기 왜 화를 내나 싶어 당황하는 상황도 벌어진다. 나름 성실했으나 둔감했을 뿐인 이를 마냥 나무라기도 어렵다. 세상만사가 다 이름을 붙일 만큼 선명하지만은 않아서 벌어지는 일이다.

예능 판에서 몸값이 제일 비싼 존재는 MC다. 유능한 MC를 메인으로 섭외하는 것이 프로그램의 성패를 좌우할 정도로 큰 역할을 한다. 그런데 MC라는 단어를 일상적으로 쓰면서도 어떤 말의 약자인지 정확하게 알고 있는 사람은 별로 없다. 보통 'Master of Ceremonies', 즉 '행사의 주관자, 진행자'로 부르기도 하고, 힙합 신에서 래퍼를 일컫는 'MIC Controller', 즉 '마이크를 쥐고 있는 사람'이라는 표현을 방송 MC에게 붙여도 적절하다. 마이크, 즉 발언권을 쥐고 통제하면서 다른 출연자들에게 적절히 나눠주고 조절하는 역할을 하니까.

PD가 되기 전의 나는 저 MC, 혹은 더 확장해서 '예능인'이라는 역할이 참 모호하다고 생각했다. 그도 그럴 것이 연예계의 수많은 전문가들은 명확하게 눈에 보이는 전문 영역이 있다. 가수는 노래를 부르고 댄서는 춤을 추고 배우는 연기를 한다. 당시에는 '예능인'보다 '코미디언', '개그맨'이란 이름을 더 많이 썼는데 이쪽이 역할도 더 분명한 느낌이었다. 이 분명한 이름으로 불리는 희극인들은 콩트 무대에 올라가 치밀하게 준비한 코미디 연기로 웃음을 준다. 뭐가 됐든 다들 유형의 결과물을 만들어낸다. 그에 비하면 '예능인', 주로 MC라는 역할로 활약하는 이들의 전문 영역은 불분명해 보였다.

　하지만 MC의 역할은 단순히 진행자, 사회자라는 기능적 호칭만으로는 설명이 한참 부족하다. MC는 카메라 앞의 연출자다. 예능의 특성상 한번 녹화가 시작되면 모든 국면마다 PD가 일일이 개입해서 연출할 수 없는 만큼, MC는 카메라 앞에서 PD처럼 판단하고 상황을 이끌어가야 한다. 아주 간단한 예로 어떤 경연의 최종 승자를 발표하는 장면을 생각해보자. PD는 이 순간의 감정을 극대화하기 위해 발표 전의 긴장을 최대한 고조시키고 싶다. 여기서 가장 좋은 연출은 실제로 촬영 현장에서 충분히 감정이 고조될 만큼 적절한 시간을 끄는 것이다. 현장의 MC가 이 타이밍을 정확하게 만들어주면 특별한 편집이 필요 없다. 현장의 분위기를 그대로 전하는 것만으로도 충분한 것이다. MC가 아니더라도 눈치 빠른 예능인은 결정적인 순간에 "잠깐만요!"를 외쳐주면서 적당한 웃음과 긴장감을 만들어내기도 한다. 하지만 MC가 너무 빨리 발표해서 맥이 빠지거나, 시간을 너무 오래 끌어 맥이 풀

려버리면 분위기는 흐트러진다. 원하는 분위기를 편집으로
다시 만들어내려면 인위적으로 컷의 길이를 조절하고 음악
을 동원해야 한다. 좋은 MC의 역할이란 이런 것이다.

스페셜리스트들과 일하는 제너럴리스트

노홍철 씨가 처음 방송계에서 화제가 되었을 때, 사람들의
시선을 제일 먼저 빼앗은 것은 그의 기행과 극단적인 명랑
함이었다. '돌+아이', '미친놈' 같은 파격적인 수식어가 그를
설명하는 대표적인 말이었고, 그가 인기를 얻자 이렇게 과장
된 캐릭터를 비슷하게 모사하는 예능인들이 여럿 등장했다.
하지만 그의 이런 극단적인 면모는 이름을 붙이기 좋은 요소
였을 뿐, 그를 꾸준히 지켜본 팬들은 그가 방송에서 오래도
록 활약할 수 있었던 진짜 이유는 다른 데 있다는 것을 알 것
이다. 그는 전체를 볼 줄 안다. 녹화 때 자신의 과장된 연기가
필요한 순간과 아닌 순간을 파악하고, 필요할 땐 예의 그 '미
친 액션'을 마음껏 보여주지만 그게 아닐 땐 또 정확하게 물
러날 줄 알았다. 물러나 있을 때도 전체적인 흐름과 다른 출
연자들을 세심하게 관찰하면서 그때그때 필요한 부분들을
짚어준다. 이런 능력들은 이름을 붙이기가 어렵다. 잘할수록
자연스럽기 때문에 오히려 눈에 띄지 않는다. 그래서 따라

하기도 어렵다. 그러다 보니 눈에 띄는 기행만을 제 나름의 색깔로 모사했던 예능인들은 잠시 주목을 받는다 해도 결국 그 캐릭터만으로 생명을 이어나가긴 어려웠다.

PD가 하는 일도 그렇다. 연출은 실체가 없다. 촬영감독은 현장의 빛과 구도를 고려해 좋은 영상을 찍는다. 동시녹음감독은 깨끗하면서도 현장감이 살아 있는 소리를 녹음한다. 미술감독은 기획에 어울리는 세트와 미장센을 감각적으로 디자인한다. 각각의 전문가들은 자기 일과 장비에 대한 전문적인 지식이 있다. PD가 하는 일은 이 모든 것이 잘 어우러지도록 조율하고 섞는 것이다. 자기 손으로 직접 만들어내는 건 없다. 그걸 '연출'이라고 부르긴 하지만, '그래서 구체적으로 뭘 하는 건데?'라고 물어보면 '다 한다'고 할 수밖에. 손에 잡히는 이름을 붙일 수가 없는 것이다.

현장에선 연출을 하지만 PD가 하는 또 다른 중요한 일은 기획이다. 기획이라고 부르는 일은 다시 두 단계로 나눌 수 있는데, 하나는 백지 상태에서 앞으로 어떤 것을 만들지 고민하는 '구상'으로서의 기획이고, 다른 하나는 무엇을 만들지 결정된 시점부터 예산과 스태프를 꾸리는 '계획'으로서의 기획이다. 카메라를 들고 현장에 나가기 전까지의 과정을 전부 기획이라고 부르는 것이다.

구상으로서의 기획은 확실히 빛이 나는 일이다. 아이디어는 누구나 낼 수 있고 경력이나 노하우와도 본질적으로는 무관하다. 한두 줄의 아이디어는 그 자체로 신선하고 흥미로운지 판단할 수 있다. "유명인 집의 냉장고를 그대로 열어서 그 안의 식재료만으로 최고의 셰프들이 요리대결을 펼친다"●거나, "전국 지자체·공기업의 군소 마스코트 캐릭터들이 한자리에 모여 제2의 펭수와 라이언을 뽑는 오디션을 펼친다"●● 같은 기획안은 그 자체로 이미 재미있지 않은가. 이런 아이디어를 기똥차게 뽑아내는 사람은 확연히 눈에 띈다. PD가 가장 유능해 보이는 순간이 바로 이런 반짝이는 아이디어를 떠올릴 때다.

그런데 계획으로서의 기획을 하는 단계가 되면 전혀 다른 능력이 필요하다. 그중 하나가 예산을 정확하게 뽑고 운용하는 것이다. PD는 프로그램의 모든 것을 책임지기 때문에 제작비의 규모도 제일 먼저 PD가 잡고, 항목마다 얼마를 어떻게 쓸 것인지도 예측하고 결정할 수 있어야 한다. 이건 재능과는 다른 문제다. 업계마다 다른 견적에 대한 자료, 실질적인 제작 시간과 필요한 인원, 장비 등을 금액으로 환산할 수

●　〈냉장고를 부탁해〉, JTBC, 2014~2019.
●●　〈내 꿈은 라이언〉, 카카오TV, 2020.

있는 경험이 필요하다. 실제로 제작에 들어가면 당연히 각종 변수가 발생할 것이고, 이러한 변수를 얼마나 통제해가며 예산에 반영할 수 있을지도 알아야 한다. 어느 업계나 이런 살림을 담당하는 사람이 있는데, 순화해야 할 일본어이지만 다들 이런 능력을 '예측하다', '어림짐작하다'라는 의미의 '겐또けんとう, 見当'라고 부른다. '겐또'를 잘 세우는 능력은 너무 중요하지만 이렇게 일본어 속어를 쓸 정도로 이름이 없는 일이다. 단기간에 기를 수 있는 능력도 아니고, 여러 번의 경험과 시행착오를 통해서만 다듬어갈 수 있는 일. PD의 일이란 대부분 이런 것들로 이루어져 있다.

스페셜리스트는 폼이 난다. 확실히 잘하는 게 있어서 눈에 띄고 빛나기도 쉽다. 스페셜리스트의 일에는 대부분 정확한 이름도 있다. 디자인을 잘한다, 곡을 잘 쓴다, 영상을 기가 막히게 찍는다며 칭찬하기도 좋다. PD는 이런 스페셜리스트들과 일하는 제너럴리스트이다. 이 모든 분야에 대해 두루두루 알고 있어야 한다. 그래야 함께 일할 때 대화도 수월해진다. 하지만 PD 개인이 이 중에서 뭔가를 아무리 잘해도 저 스페셜리스트보다 잘할 수는 없다. 그래야 할 필요도 없다. 그래서 이도저도 아닌 것 같다는 느낌을 받을 때가 많다. PD 안 하면 뭐 해먹고 사나. 이렇게 기술이 없어서 쓰겠냐는 농담도 자주 한다. 그나마 예전엔 영상편집이 전문적인 기술처럼 보였다. 영화나 드라마는 편집감독이 따로 있지만 예능 PD 는 편집까지 직접 하니까. 그나마도 '대 유튜브 시대'가 되면 서 이제 영상편집은 어디 가서 기술이라고 부르기도 애매해 졌다.

하지만 PD가 있어야 방송이 만들어진다. 좋은 스페셜리스 트의 결과물도 연출이 제대로 섞어주지 못하면 빛을 잃는다. '겐또'도 잘 세워야 한다. 영상편집도 화려하게 편집 기술이 눈에 띌 때보다 서사를 자연스럽게 드러내며 편집 자체는 보 이지 않아야 유용한 경우가 대부분이다. 애매하고 폼 안 나 는 일들이 제 위치에서 제 역할을 해줘야 폼 나야 할 것들이 제대로 보인다. 집안이 항상 단정하게 잘 돌아가고 있다면 누군가 이름을 붙일 수 없는 일들을 성실하게 하고 있다는 뜻이다. 세상은 이렇게 이름을 붙일 수 없는 수많은 일들로 돌아간다. 그럼 PD 안 해도 먹고살 수 있는 비슷한 일이 어 딘가에 또 있겠지. 다행이다.

입사 1년 차 막내 PD일 때 나는 오디션 프로그램 조연출이었다. 어느 방송사든 제작 규모가 가장 큰 것은 오디션 프로그램이다. 보통의 예능은 출연자가 많아봐야 열 명 내외지만 오디션은 기본 수백 명의 예선으로 시작하니까. 출연자가 많은 만큼 찍어야 할 것도 많고, 스태프도 많다. 이쪽에서 공연 찍는 동안 저쪽에서 대기실 찍고 다른 쪽에서는 인터뷰를 따는 등 동시다발적으로 현장이 돌아가니 온통 정신이 없다. 예상했던 시간에 딱 맞게 촬영이 끝나는 법도 없어서 체력적으로도 다들 많이 지친다.

바쁘고 지치기만 하면 모르겠는데, 그 와중에 조금씩 속상하고 신경이 쓰여 조각나는 마음들도 차곡차곡 쌓여 무거워진다. 간절한 출연자들의 진한 마음 하나하나를 일일이 같은 무게로 대할 수가 없기 때문이다. 최근에야 오디션이나 경연 프로그램에서 참가자 한 명 한 명을 존중하는 시선과 편집이 호응을 얻으며 하나의 문법으로 자리를 잡았지만, 당시만 해도 구성상 단순한 흥밋거리로 소비되고 끝나는 출연자들이 굉장히 많았다. 하지만 참가하는 당사자들의 마음은 그렇지가 않아서, 그 간극을 보면 속이 편치 못했다.

그럼에도 10년이 지난 지금까지 반짝반짝 떠오르는 장면들이 있다. 오디션이 1차, 2차, 3차로 숫자를 높여갈수록 참가자 숫자는 점점 줄어들고, 남은 이들의 마음은 반대로 점점 열이 오른다. 아예 첫 관문에서 떨어지면 오히려 그렇게까지 아쉽지 않다. 하지만 단계가 올라갈수록 정말 뭔가 될 것 같은 기분이 든다. 처음부터 내 것이 아닐 거라 생각했던 것보다 잠시라도 손에 쥐었다고 생각한 것을 놓칠 때 마음은 더 무너지기 마련이다. 오디션이 3차쯤 이르면 참가자들 심장은 다 쪼그라들어 있다.

그즈음 내가 촬영장에서 맡은 역할은 '퇴장로에서 리액션 받기'였다. 참가자들이 심사위원 앞에서 준비한 무대를 선보이고 평가를 듣는 무대 밖에서 대기하다가, 문을 열고 나오는 순간의 참가자들을 찍는 것. 어지간히 솔직한 사람이 아니고서야 무슨 심사평을 들어도 당장 심사위원들 앞에서 속마음을 있는 그대로 드러내진 않으니, 진짜 감정은 문을 열고 나오는 순간 터져 나온다. 그 순간을 포착하고 간단한 인터뷰를 따는 것이 내 몫이었다. 막내 조연출들은 보통 이런 곳에 배치된다.

길어질 대로 길어진 녹화에 모두들 많이 지쳐 있었지만, 문을 열고 나오는 합격자들이 온몸으로 내뿜는 환호성을 목격하는 순간만큼은 피로가 느껴지지 않았다. 내 피도 함께 펑펑 도는 기분이었다. 비현실적인 광경. 사람이 살면서 이토록 극적인 환희를 맛보는 순간이 얼마나 될까. 처음부터 자신이 강력한 우승 후보라고 확신하는 사람은 아무도 없었을 것이다. 한 단계씩 통과할 때마다 이게 무슨 일인가 싶기도 했을 거다. 나를 알아봐주는 사람이 있다는 얼떨떨함과, 그동안 해온 노력들이 헛되지 않았다는 이상한 위로가 뒤섞여 살얼음판 위에서 춤을 추는 것 같은 기분. 왜 이렇게 자세히 아느냐면 내가 MBC 공채 전형을 하나씩 통과할 때마다 딱 그랬거든. 누군가에게 인정받는다는 것은 그런 것이다. 오디션 장르의 수명이 끝나지 않는 이유이다.

인정은 넘치는 법이 없다

2021년 방송가를 장악했던 〈스트리트 우먼 파이터〉를 보면서도 기분이 묘했다. 사실 〈슈퍼스타K〉로 대표되는 기존의 오디션들과 비교하면 이미 활발하게 활동하고 있는 전문 댄서들의 경연 서바이벌인 〈스우파〉를 같은 종류의 프로그램으로 보긴 어렵다. 〈슈스케〉 참가자들은 너무 간절하다. 꿈은 있는데 아무 기반이 없어서 어디서부터 이 꿈을 펼쳐 나가야 할지 막막하다. 혹은 이미 여러 번 실패를 경험해서, 더 이상 평범한 방법으로는 가망이 없다는 생각에 나오는 사람들도 많다. 벼랑 끝에 선 간절함이 있고, 그래서 권위자가 보내는 인정은 더욱 자신을 뒤흔드는 경험일 수밖에 없다. 전율을 느끼고 울음을 쏟아내는 것도 너무 자연스러운 일이다.

하지만 〈스우파〉의 댄서들은 스스로가 프로인 것을 넘어그 분야에서 충분히 입지를 굳힌 이들이다. 이미 물심양면으로 적지 않은 인정을 충분히 누리고 있다. 심사위원이 가지는 지위도 다르다. 〈슈스케〉의 심사위원들은 참가자들에겐 범접할 수 없는 권위자인 만큼 심사평 마디마디의 무게가 남다르지만, 〈스우파〉의 심사위원들은 그들의 전문성과 별개로 참가자들이 간절하게 인정을 갈구할 입장은 아니다. 서로자기 영역에서 충분히 일가를 이룬 사람들이라, 절대적 위계에서 이루어지는 〈슈스케〉의 평가와는 전혀 다르다.

그런데 이상했다. 링 위에 오른 〈스우파〉의 댄서들도 심사위원들이 심사평을 말할 때마다 입이 마르고 눈물을 터뜨리는 것이 아닌가. 중요한 것은 〈슈스케〉나 〈스우파〉나, 탈락했을 때의 안타까운 눈물보다 인정받았을 때의 벅차오르는 눈물이 훨씬 자주 보였다는 거다. 마음을 졸이며 열어본 결과가 합격이었을 때 터져 나오는 눈물, 치열하게 고민하며 완성한 무대를 영상으로 다시 지켜볼 때 메여오는 목, 전달하고 싶었던 바를 심사위원이 정확하게 짚어줄 때 피어나는 얼굴들. 어차피 〈스우파〉의 댄서들은 여기서 떨어져도 인정이 모자라진 않는다. 이 프로그램보다 훨씬 더 크고 전문적인 무대에서도 충분히 인정을 받아왔다. 그러니 여기서 떨어진다 한들 자신을 부정한다고 느낄 일도 아니다. 하지만, 그럼에도 불구하고 누군가에게 진심 어린 인정을 받는다는 것은 이렇게 사람을 무너뜨린다. 우리는 모두 인정이 필요하다.

대중혐오와 자기혐오 사이

내가 탐독하는 책의 저자들, 만화의 작가들도 매번 비슷한 말을 하곤 했다. 메일로 보내주고 댓글로 달아주는 응원과 격려의 감상들을 하나하나 읽어보며 힘을 낸다고. 자신이 초라하게 느껴지고 더 전진할 수 없다고 느껴지는 순간에도 그런 것들이 버틸 수 있게 해줬다고. 정말 감사하다고. '나만 알고 싶은' 숨겨진 명작도 아니고 이미 알려질 대로 알려져서 내 눈에 보이는 댓글만 수백 개가 넘는데, 그걸 정말 다 볼까 싶지만 정말 다 본다고 한다. 아무리 봐도 이미 성공한 사람인데. 정말 뛰어난 작품이라 권위 있는 좋은 평가도 많이 받았고 돈도 꽤 벌었을 텐데. 자신을 의심하고 불안해하는 단계는 이미 지났을 것 같은데. 여전히 사소한 댓글들에 힘을 얻는다니.

근데 다 볼 것 같긴 하다. 나도 다 보거든. 물론 저 성공한 창작자들에 비하면 내가 만든 것들에 대한 평가는 그렇게 많지는 않아서 충분히 다 볼 수 있는 양이기도 하다. 새 프로그램을 내놨을 때나 새 책을 내고 나서는 한동안 자기 전에 매일 제목을 검색해본다. 네이버에서는 큰 따옴표 안에 검색어를 넣으면 정확하게 일치한 결과만 찾을 수 있다. 안 그러면 〈톡이나 할까?〉 같은 제목은 자꾸 이상한 옷을 입은 여성분들이 외로울 때 자신에게 카톡을 보내라는 게시물이라든지, '너네 좋아하는 사람한테 톡이나 문자로 고백하는 거 어떻게 생각해?' 같은 고민 상담 글을 잔뜩 만나게 된다. 첫 책『살아갑니다』처럼 평범한 제목은 따옴표로 검색해도 책과 상관없는 감성적인 일기만 자꾸 나오니 내 이름도 같이 넣어본다. 책에 대한 감상을 쓸 땐 보통 저자 이름도 같이 쓰니까. 그리고 하나하나 읽어본다. 사람들은 어떻게 봤는지, 뭘 느꼈는지, 내가 말하고 싶었던 것과 얼마나 같고 얼마나 다른지.

〈스우파〉의 춤이든 〈슈스케〉의 노래든 만화든 방송이든 책이든, 내 마음과 목소리를 불어넣은 것을 사람들 앞에 내놓는 일은 매번 새로운 인정 앞에 서는 일이다. 궤도에 이미 올라선 것 같아 보이는 이들도 끊임없이 오르락내리락 한다. 한참 찍고 편집할 때는 나의 부족함에 치를 떨다가도, 자고 일어나서 다음 날 보면 또 '어? 괜찮은데?' 하면서 우쭐해진다. 꼭 내 작품이 아니더라도 내 눈에는 최고의 명작인데 사람들이 몰라주는 것 같을 때도 있고, 반대로 승승장구하는 어떤 작품에는 별로 동의가 안 될 때도 많다. 대중의 인정을 애타게 원하다가도 모른 척 등지고 싶기도 하다. 대중의 평가를 받는 창작자로 산다는 것은 끊임없는 대중혐오와 자기혐오 사이를 줄 타듯 오가며 널뛰는 일일지도 모른다.

"너 같은 PD도 필요하지!"

PD들은 대부분 연출자이기 이전에 감상자들이다. 그리고 아마 그들이 감상자로서 좋아하는 취향이 연출자로서 만드는 것과도 연결되어 있을 것이다. 그걸 생각하면 아직 경력이 일천한 나 같은 PD는 내심 고민이 드는데, 내 마음에 쏙 드는 작품치고 크게 흥행한 경우가 거의 없고, 반대로 크게 흥행한 작품치고 딱 내 마음 같다고 느낀 경우도 드물기 때문이다. 시선을 좁혀 예능국 안으로 들어와도 왠지 잘 나가는 예능 프로그램들을 보면 나오는 결이 다르다는 생각을 지울 수가 없다.

이런 나를 응원해주는 사람들이 종종 해주는 말. "너 같은 예능 PD도 필요해!" 각각 다른 여러 사람들에게 똑같이 듣는다. 분명 서로 모르는 사이일 텐데 약속이라도 한 것처럼 비슷한 표현이 생각나는 모양이다. 이 말을 들으면 고마우면서도 한편으로는 마음이 좀 복잡해진다. '필요하다'는 아무리 봐도 최소의 존재다. 커트라인의 느낌이다. 돈가스 그릇 한쪽의 샐러드이고, '반반 무 많이'를 외치며 치킨 시킬 때의 '무'이다. 그렇지, 필요하지. 샐러드 필요하고 치킨 무 필요하고. 하지만 왠지 돈가스랑 치킨은 내 자리가 아닐 것 같다는 느낌. 나도 돈가스 되고 싶은데.

다행스러운 것은 그래도 내가 만든 것들이 적어도 내 눈에 재미있다는 사실이다. 만들었던 방송을 시간이 지나 다시 틀어보면 시청자의 마음이 되어 위로를 받는다. 쓸 때는 내가 책을 써도 될까 마지막까지도 의구심을 지우지 못한 채 쓰지만, 또 어느 날 다시 읽어보면 재미있다. 네이버에서 10년 동안 웹툰 〈닥터 프로스트〉를 연재한 이종범 작가는 "자기 작품이 자기 눈에 재미있는 것은 중요하다"라고 했다. 그러면서 내 눈에는 재미있는데 주변 사람들은 자꾸 별로라고 한다면 재미있다고 말해주는 사람들을 만날 때까지 계속 보여주라고, 그런 사람에겐 그런 독자들이 모이게 되어 있다고 말한다. 중요한 것은 내가 이 일을 왜 하고 있는지 스스로 좋은 질문을 던지는 것이다. 시장에서 최고 흥행작이 되어 부와 인기를 누리는 것이 목표라면 그에 맞는 노력을 해야겠지만, 만화가 내게 준 것을 나도 누군가에게 주고 싶은 마음 때문에 그리고 있는 사람들이 더 많을 거라고. 여기서 '만화' 자리에 각자의 단어를 넣어도 되지 않을까.

매체마다 차이는 있다. 젊은 독자들에게 인기가 많은 어느 소설가는 꾸준히 드라마화 제안을 받으면서 대본도 직접 써볼까 하고 드라마 작법 수업을 들었다고 한다. 거기서 강사의 첫 마디를 듣고 두 장르 사이의 거대한 차이를 느꼈는데, "소설은 작가가 하고 싶은 이야기를 쓰는 것에서 출발하지만, 드라마는 시청자가 보고 싶어 하는 이야기에서 출발한다"라는 말이었다고 한다. 이건 각각의 매체가 얼마나 많은 예산과 사람들이 투입되느냐의 차이에서 비롯한다. 소설이나 웹툰은 기본적으로 작가의 작업실에서 모든 것이 만들어지지만, 영화나 드라마, 방송은 거대한 예산과 스태프가 동원되기 때문이다. 시장의 선택을 못 받은 소설은 작가 혼자 슬프고 말면 된다. 아니, 함께 고생한 편집자와 출판사 관계자들도 슬프겠지만 그래도 출판사는 실패의 충격을 완화해줄 다른 책들을 많이 갖고 있는 편이다. 분산투자, 저위험-저수익low risk-low return이다. 하지만 망한 영화나 드라마에는 함께 고통받을 사람들이 훨씬 더 많이 얽혀 있고, 막대한 돈이 동원되는 만큼 하나가 실패하면 그 충격을 감당하는 것도 쉽지 않다.

PD는 많은 예산으로 많은 동료들과 함께 방송을 만드는

회사원이다. 당연히 만들 때도 '나는 무엇을 말하고 싶은가'
보다 '사람들은 무엇을 좋아할까'를 더 많이 고민한다. 하지
만 내 안에 없는 걸 억지로 만들 수는 없다. '사람들이 이런
걸 좋아한대'라는 이유 하나로 모양만 흉내 냈다가 외면받은
방송들이야 꼽아보자면 끝도 없다. 결국 PD의 직업 생활이
란 내가 잘할 수 있는 이야기를 사람들이 좋아할 만한 모양
으로 빚어내는 과정의 연속이다. 다 잘해야 한다는 의미 없
는 말처럼 들리지만 어쩔 수 없다. 균형 감각이 필요하다. 자
신을 믿는 마음으로 밀어붙이다가, 한 번씩 한 발 물러서 의
심 가득한 눈으로 돌아보고, 다시 확신을 불 지펴 달려가는
일의 반복.

인정을 뿌리고 다니는 일

나는 늘 자신이 없다. 프로그램을 만들 때는 많은 사람들을
설득하고 매순간 결정을 내려야 하니 짐짓 확신에 가득 찬
목소리로 말하지만, 퇴근하고 집에 돌아오면 맞는 결정을 했
는지, 도대체 나에게 재능이 있는 건지 고민하며 수렁에서
허우적거린다. 그런 시간들을 반복하면서 결심한 것이 있다.
그렇다면 나도 창작자로 사는 동안 소비자로서도 더욱 열심
히 인정을 뿌리고 다녀야겠다. 좋은 작품을 발견하면 열심히

소문내고 사람들에게 소개하고 다녀야겠다. 무형의 인정은 물론 유형의 결제도 중요하니 이 일로 먹고사는 동안은 누군 가의 창작품에 쓰는 돈을 아끼지 말아야겠다. 좋은 책을 사서 보고, 기꺼이 유료결제를 해서 보고, 좋은 영화는 스트리밍 서비스에 올라오기 전에 최대한 극장에 가서 보고. 직업 창작자들에게 최고의 인정은 결제, 그리고 정확한 언어로 보내는 칭찬이다.

〈톡이나 할까?〉가 끝났을 때, 마지막 회가 방송되자 곳곳에서 아쉬움을 가득 담은 장문의 시청 소감들이 올라왔다. 그동안 잘 보고 있었는데 끝난다니 너무 아쉽다, 마지막 회를 연출한 방식이 좋았다, 시즌2로 다시 돌아오면 좋겠다 등등……. 몇 줄짜리 감상들도 고마웠지만, 조목조목 어떤 장면과 말이 좋았는지를 정성스럽게 기록한 글들은 몇 번이고 다시 읽었다. 이렇게 사랑받고 있었구나. 누군가에겐 이만큼 큰 즐거움이고 위로였구나. 그러면서 한편으론 이런 이야기들을 끝나는 마당이 아니라 한창 만들고 있을 때 들었다면 더 힘이 났을 거란 생각도 들었다. 동네 맛집이 오래도록 잘되길 바란다면 평소에 자주 사 먹어야 한다. 문 닫을 때 아쉬워해봐야 소용없다. 그러니까 인정을 뿌리고 다니는 일은 중요하다.

그들도 나와 비슷하다는 것을 이제 알기 때문이다. 내 눈에 아무리 멋져 보이는 이들도, 이미 인정이 차고 넘칠 것 같은 이들도 또 새로운 인정에 다시 힘을 얻는다는 것을. 속으로는 똑같이 매일 나락을 오르내리고, 정성껏 쓴 감상과 평가들을 꼼꼼히 읽으며 젖은 장작처럼 사그라진 확신에 다시 불을 지핀다는 것을. 샐러드, 치킨 무 좋아하는 사람도 모아 보면 돈가스, 치킨 좋아하는 사람만큼 많을지도 모른다. 나이 드니까 나도 풀이 좋더라고.

슬픈 영화가 있다. 이 영화를 보여줄 때 '이건 엄청 슬픈 내용이고 본 사람들 대부분이 많이 울었다'라고 미리 알려주면 더 슬프다고 느낄까, 아니면 시치미 뚝 떼고 아닌 척하다가 갑자기 슬픈 전개가 등장하는 게 더 슬플까? 내 경우는 후자였다. 영화는 사전 정보 없이 예고편도 안 본 채로 감상하는 걸 좋아하는데, 그렇게 아무 준비 없이 슬픈 장면을 만났을 때 더 많이 울었던 것 같다. 사실 그게 더 자연스럽다. 기대에 부응하는 것보다 기대를 배반하는 감정이 더 강하다. 살면서 만나는 슬픔도 대개는 아무 예고 없이 찾아오기 마련이고, 그래서 더 바닥까지 무너뜨리는 법이다. 미리 준비할 시간을 주면 조금은 견딜 만할 텐데 삶은 그리 자상하지 않다.

한국 영화계가 이런 사실을 적극적으로 활용하던 시기가 2000년대 초반이다. 〈엽기적인 그녀〉를 시작으로 '골 때리는 영화인 줄 알았는데 막판에 울리는' 전개가 검증된 흥행

공식이 됐다. 거의 모든 영화들이 발랄한 로맨틱 코미디인 척하다가 후반부에 갑자기 최루성 비극을 쏟아 붓는 패턴을 보였고, 그게 먹혔다. 나도 이 시기에 본 이런 영화 몇 편이 여전히 강렬한 기억으로 남아 있다. 어느 평론가는 이런 현상을 두고 '한국 관객들은 극장에 가서 모든 감정을 다 경험하고 와야 티켓 값이 아깝지 않다고 느끼는 것 같다'라고 했다.

물론 포스터에 휴지 준비해서 오라고 써놓는 영화도 많았다. 대놓고 〈새드무비〉, 〈슬픔보다 더 슬픈 이야기〉 같은 제목도 보였다. 발랄한 척하는 영화가 예기치 못한 슬픔으로 가슴을 때린다면, 이쪽은 처음부터 울고 싶은 사람들을 부르는 식이다. 준비가 안 돼 있는 사람을 울리는 것과 울 준비가 되어 있는 사람의 눈물을 받아내는 것. 흥행 면에서는 단연 전자가 유리하다. 애초에 이미 울고 싶은 사람보다야 별 생각 없는 사람이 더 많을 테니까.

학부 시절 미디어심리학 수업을 들은 적이 있다. '미디어'와 '심리'를 연구하는 수업에서 자유롭게 연구 주제를 정해보라기에 나는 바로 이걸 알아보고 싶어졌다. 감동적인 이야기는 미리 알려주고 보여줬을 때 더 감동적일까, 아니면 예고 없이 보여줬을 때 더 감동적일까? 실험을 해보기로 했다. 피험자를 두 집단으로 나눠 같은 영상을 보여준다. 대신 한쪽에는 '이 영상은 감동적인 것으로 대단히 유명하고 수많은 사람들이 눈물을 흘렸다'라며 감정적인 사전 정보를 주고, 다른 쪽에는 조회 수 등의 객관적인 정보만 제공한다. 그리고 영상이 주는 감동을 점수로 평가하는 것이다.

표본을 많이 모으려면 실험을 여러 차례 해야 했는데, 그때마다 2시간짜리 영화를 보여줄 수는 없으니 5분 내외로 만들어진 감동적인 영상들을 활용하기로 했다. 그런데 한 가지 변수가 있었다. 이런 영상들은 단편영화나 공익광고처럼 '연출된 픽션'이 있는가 하면 현실의 감동적인 순간을 포착한 '감동 실화'가 있었다. 두 영상은 느낌이 아주 달랐다. 어떤 영상을 사용하는지에 따라 결과가 달라질 것 같았다.

계획을 바꿔 실험 참여자를 네 그룹으로 나눴다. 감정적인 사전 정보 여부의 한 축에, 픽션이냐 논픽션이냐를 구분하는 한 축이 더해진 거다. 즉, '픽션-감정 정보', '픽션-중립 정보', '논픽션-감정 정보', '논픽션-중립 정보'의 총 네 개 그룹이 되었다. 픽션 영상은 감동적인 연출로 유명한 대만의 공익광고를 활용했고, 논픽션 영상은 파병 군인이 가족들 몰래 돌아와 깜짝 상봉하며 서로 울음을 터뜨리는 장면을 모아놓은 것이었다. 학부 수준의 작고 어설픈 실험이라 비판의 여지가 많겠지만, 그럼에도 재미있는 사실을 발견했다.

심리학 실험에서 반드시 드러나는 한 가지 경향이 있다. '나는 다른 사람들보다 더 합리적인 사람'이라는 자기 인식이다. 사람들은 감정에 흔들리는 것보다 이성적으로 행동하는 것이 더 바람직하다고 여긴다. 심지어 실험이란 상황 아래 자기 반응을 측정한다는 사실까지 알면 웃음이든 눈물이든 더 인색해지기 마련이다. 이런 경향은 우리 실험에서도 고스란히 보였다. 픽션 영상을 본 두 개 그룹의 경우 중립적인 정보를 받은 쪽보다 '굉장히 감동적인 영상이고 많은 사람들을 울렸다'라는 감정 정보를 받은 쪽이 자신은 '덜 감동했다'라고 평가했다. 그리고 양쪽 모두 '다른 사람들은 나보다 더 감동했을 것'이라고 일관되게 답하기도 했다. 말하자면 '날 울리겠다고? 다른 순둥이들은 몰라도 나는 힘들걸?'의 의미이다. 포스터부터 미리 감동을 강조하는 것보다 안 그런 영화인 척 홍보하는 편이 관객에겐 더 감동적일 것이라는 예상이 맞은 셈이다.

의외의 지점은 '논픽션 영상'을 본 두 개 그룹에서 나왔다. 이쪽에서도 두 그룹 모두 '다른 사람들은 나보다 더 감동했을 것'이란 대답은 같았다. 다만 이번에는 '픽션 영상' 쪽과는 반대로 중립 정보 그룹보다 감정 정보를 받은 그룹에서 감동 점수가 일관되게 높았다. 연출이 아닌 '진짜 감동' 앞에서는 '다른 사람들은 이거 보고 다 울었다'라는 말에 오히려 마음이 열린 것이다. 만들어진 감동 앞에서는 이성적인 사람이 될 수 있다. 남들이 다 울었어도 난 그렇게 쉬운 사람 아냐. 하지만 '진짜 감동' 앞에서도 그러는 건 너무 못돼 보인다는 뜻이다. 실화를 모티브로 한 영화들이 왜 그렇게 '전 세계를 울린 감동 실화'라는 홍보 문구를 포기할 수 없는지 이해가 되는 대목이다. 중요한 게 다 들어가 있다. '전 세계를 울린'과 '감동 실화'. 세상 사람들 다 울었다는 실화인데 혼자만 안 울면 너 이 새끼 냉혈한. 심리학 실험에서 가장 흔하게 만나는 문장에 한 줄이 추가되는 순간이다. "나는 합리적인 사람이다, 하지만 따뜻한 마음을 지녔다." 사람들은 이 두 가지를 다 보여주고 싶어 한다.

100%의 현실

사람들은 진실에 반응한다. 좀 더 정확히는 거짓에 강한 거부감을 보인다. 연출된 감동에는 인색해지고 날것의 감동에는 마음을 연다. 감동의 반대도 마찬가지다. 〈현대 원시주의의 망상〉*이라는 제목의 짧은 모큐멘터리**는 사실과 비사실을 대하는 관객의 태도를 설명할 때 좋은 예가 된다. 자신을 표현하는 수단으로 문신과 피어싱을 선택한 어느 남성은 좀 더 강렬한 수단으로서 '총상'을 선택한다. 학창 시절 치기를 드러내기 위해 '담배빵'이나 '칼빵'을 일부러 몸에 남기는 아이들이 간혹 있는데, 정확히 같은 맥락의 '총빵'인 셈이다. 영화는 그가 '총빵'을 내려 전문가를 찾아가는 과정을 그리다가 마지막에는 총을 맞는 장면까지 보여준다. 연출된 장면이지만 진짜 다큐멘터리처럼 실감나서 모르고 보면 완전히 속는다.

나는 강의를 할 일이 있을 때 이 자료를 자주 활용한다. 학생들의 반응이 볼 만하다. 극 중 총상은 문신과 같은 개념이라 최대한 안전한 부위에, 의료 처치를 준비한 상태에서, 신체 기능에 이상이 없도록 총을 쏘는 것인데도 장전하는 순간부터 강의실 곳곳에서 신음소리가 터져 나온다. 마치 자기가 저 총을 맞기라도 하는 것처럼.

실은 그 전에 영화 〈원티드〉의 한 장면을 먼저 보여줬다. 제임스 맥어보이와 안젤리나 졸리의 액션 영화다. 똑같이 사람에게 총을 쏘지만 훨씬 잔인하고 자극적인 연출이다. 이미

•   Daniel Loflin, 〈Delusions in Modern Primitivism〉, 2000. 유튜브에 검색하면 볼 수 있다.

••   mockumentary. 허구적 이야기를 다큐멘터리처럼 사실적으로 연출한 영상물. '페이크 다큐멘터리(fake documentary)'라고도 부른다.

우리는 영화 속 총격전에 무딜 대로 무뎌져 있다. 수십 발 총을 맞고 피칠갑이 되어도 쓰러지지 않는 주인공은 물론, 팔다리가 떨어져 나가는 잔인한 연출에도 크게 동요하지 않는다. 그중에서도 만화가 원작인 〈원티드〉는 사람 얼굴에 대고 총을 쏴 뒤통수가 터져나가는 등 더욱 수위 높은 연출을 과장해서 보여준다. 이쯤 되면 인상을 찌푸리고 고개를 돌리는 학생들도 나오지만, 오히려 아드레날린이 도는 걸 느끼며 화면에 빨려 들어가는 쪽이 훨씬 많다. 그랬던 학생들이 〈현대 원시주의의 망상〉을 보면서는 고작 팔뚝에 총구만 가져다 대도 비명을 지르는 것이다. 〈원티드〉는 누가 봐도 과장된 비현실이고, 〈현대 원시주의의 망상〉은 오롯이 진짜 감각으로 느껴지기 때문이다. 사람들은 사실과 비사실의 여부에 따라 감정을 수용하는 세팅을 바꾼다.

드라마와 예능이 섞인 방송 〈두니아~처음 만난 세계〉를 제작하면서도 비슷한 반응을 느꼈다. 〈두니아〉는 '공룡시대에 떨어진 연예인들'이란 설정으로 큰 틀의 이야기 진행만 주고 나머지는 자유롭게 상황극으로 풀어가는 형식이었다. 허구적 틀 안에서 이루어지는 연예인들의 즉흥 연기가 재미있을 거라 기대했다. 그런데 받아들이는 사람들의 혼란이 예상치를 상회했다. 종영할 때까지 '이건 드라마인가요, 예능인가요?', '대본인가요, 실제 상황인가요?' 묻는 사람이 계속 등장했다. 차라리 그냥 재미가 없다는 불만은 그럴 수 있다. 연출력의 부족일 수도 있고 취향의 문제일 수도 있다. 하지만 장르를 묻는 건 좀 다른 문제다. 애초에 순간이동과 공룡이 등장하는 방송인데 실제 상황이 있으면 얼마나 있을까. 그냥 넋 놓고 보면 될 거라 생각했는데 시청자들은 그렇지 않았던 모양이다. 드라마인지, 리얼 버라이어티인지에 따라 세팅을 바꿀 준비가 필요했던 것이다.

애초에 장르가 뭐가 됐든 콘텐츠에 '100퍼센트 리얼'이란 존재하지 않는다. 그럼 연출자라는 존재 자체가 모순이다. 예능도 마찬가지다. 토크쇼나 버라이어티에도 다 대본이 있다. 대본 없이 출연자에게 완전히 맡기는 방송이라 한들 카메라가 있는 이상 그게 '100퍼센트 현실'일 수는 없다. 제작진의 개입 없이 출연자들이 자유롭게 여행하는 프로그램도, 실제 현장에서는 일군의 스태프와 카메라들이 화면 밖에서 따라다니고 있다. 누가 봐도 방송 촬영인 만큼 여행지에서 만나는 사람들도 더 적극적이고 친절해진다. '관찰 예능'의 자연스러움을 극한으로 추구하는 예능의 경우 그런 작위성을 피하기 위해 카메라마저 곳곳에 숨기고 제작진은 아예 다른 건물로 숨어버리는 경우도 있다. 그럼에도 '누군가 나를 찍고 있다'라는 인식은 변하지 않는다. 촬영 중이라는 인지가 있는 이상 평소였다면 하지 않을 행동을 하기도 하고, 반대로 어떤 행동은 하지 않는다. 그건 '사실의 기록'으로 받아들여지는 다큐멘터리도 마찬가지다. 〈이경규의 몰래카메라〉가 아닌 이상 피사체는 어떤 식으로든 영향을 받는다. '슈뢰딩거의 고양이'는 기막힌 비유이다. 관찰은 그 자체로 결과에 영향을 끼친다.

그럼에도 시청자에겐 '연출'과 '리얼'의 기준이 필요하다. 드라마의 모든 것은 허구다. 어차피 전부 연기니까 인륜을 거스르는 악당이 나와도 실제 배우에게 악플을 달 일은 없다. 너무 악랄해서 이게 대본이라는 사실도 잊힌 채 배우가 욕을 먹는다면 그건 차라리 찬사다. 하지만 '리얼 버라이어티'를 표방하는 예능에서는 사소한 뉘앙스 하나에도 논란이 생긴다. 재미를 위해 어느 정도 연출된 상황이어도 꽤 많은 사람들은 그걸 '리얼'로 받아들인다. 예능을 볼 때 그렇게 세팅하고 시작하기 때문이다.

영화라면 발달장애인 주인공으로 코믹한 장면을 연출할 수 있다. 그의 장애를 설명하는 장면일 수도 있고, 돌발 행동 때문에 주변인들이 악의 없이 웃는 장면일 수도 있다. 장애인 캐릭터가 주인공인 영화에서 심심찮게 등장하는 장면이다. 예능이라면 상상하기 어렵다. 발달장애인의 독특한 행동을 보고 웃는 주변 사람들? 위험하다. 영화라면 미묘한 지점까지 불편하지 않도록 이상적으로 연출할 수 있겠지만, 실제로 그런 완벽한 순간은 카메라에 포착하기 어렵다. 영화 속에서는 장애인 주인공에게 폭언을 내뱉는 악당도 등장할 수 있지만 예능에서는 작은 말실수로도 입방아에 오를 수 있다. 마구 총을 쏴대는 〈원티드〉와 조심스럽게 총상을 내는 〈현대 원시주의의 망상〉의 충격이 다르게 느껴지는 것처럼 사람들은 '실제'라고 느끼는 것에 강하게 반응한다. 감동에는 더 쉽게 마음을 열고, 분노에는 더 예민해지는 방식으로.

예능이 지켜줘야 하는 선

그래서 예능 PD들에겐 억울한 순간도 많다. 과거 몇몇 인기 버라이어티 예능의 대본이 유출되어 크게 논란이 일었는데, 예능에도 대본이 있다고 알려져 있긴 했지만 유출된 대본의 지시사항이 생각보다 훨씬 구체적이라는 점이 문제였다. 출연자들의 자연스러운 모습이라고 믿었던 장면이 다 대본이었다는 사실에 충격을 받은 시청자들은 그 뒤로 모든 예능을 의심의 눈초리로 보기 시작했다. '리얼'이라고 생각해서 마음을 열었는데 그 열린 마음에 배신감을 느낀 것이다. 하지만 예능 PD들이 '리얼'이라고 말하는 경우는 대부분 '진짜 리얼'이다. 연애 예능에서 출연자들이 최종 선택을 내릴 때나 게임쇼에서 최종 우승자가 결정되는 순간처럼 구성의 중요한 부분들은 원칙대로 개입하지 않는다. 그 전개가 납득하기 어려울 때 시청자들은 자주 '어차피 다 짜고 치는 대본 아님?' 하며 묻지만, 그럼 PD들은 하나같이 억울함에 가득 차서 외친다. "대본대로 갈 거였으면 더 끝내주게 만들었지!" PD들도 내심 기대하는 전개가 있는데 그대로 안 풀려서 착잡할 때가 훨씬 많으니까. 간혹 정말 원칙을 벗어난 개입이 드러나 물의를 빚기도 하지만, 그게 논란이 될 정도로 예외적 사례라는 반증이기도 하다.

정반대로, 너무 드라마틱한 전개라서 대본 아니냐는 말이 나올 때도 많다. PD들도 현장에서 예상을 뛰어넘는 극적인 상황이 벌어지면 쾌재를 외치면서도 '사람들이 이거 대본이라고 생각하겠다, 진짠데!'라고 생각하며 애가 닳는다. 그럴 땐 화면에 강박적으로 "100퍼센트 실제 상황!" 같은 자막을 몇 번씩 때려 박으며 제발 좀 믿어달라고 하소연한다. 내심 나 같아도 안 믿겠다는 생각이 드는 것이다. 우리는 그만큼 사실인 척 연출된 허구에 민감하게 반응한다. 진실에 좀 더 마음 놓고 감동하고 싶기 때문이다.

끊임없이 의심하는 마음은 진실 앞에 솔직하고 싶은 마음의 다른 면이다. 그 마음을 안전하게 지켜주는 것이 '재구성된 현실'을 보여주는 예능 PD들이 해야 하는 일인 것 같다. 즐거움은 주되 속이지 않는 것. 혹은 어디까지 마음 놓고 즐겁게 속아줄 것인지 정확하게 약속하는 것. "나는 합리적인 사람이다. 하지만 마음껏 웃을 수 있는 따뜻한 마음을 지녔다"라고 말할 수 있도록.

〈쇼! 음악중심〉, 〈인기가요〉, 〈뮤직뱅크〉 같은 음악 순위 프로그램들은 조연출 연차의 젊은 PD들이 한 번쯤 배정받고 싶어 하는 인기 프로그램이다. 방송의 꽃이라서? 누군가에겐 그럴 수도 있겠다. 수많은 가수들에게 대접받는 PD가 될 수 있어서? 한때 그런 시절이 있긴 했다. 지상파 생방송 무대에 서는 것이 노래를 홍보하는 가장 강력한 방법이던 때가 있었으니까. 어떤 가수의 무대를 어떤 순서에 어떻게 방송할 것인지 결정할 수 있는 PD는 그 시절 정말 제왕 같았다고 한다. 나도 본 적은 없지만 방송이 끝나고 스튜디오를 나가는 PD 양 옆으로 전 출연진이 도열해 있었다고. 비슷한 풍습이 지금까지 이어지고 있다는 소문도 돈다. 생방송 끝나고도 가수들이 한 팀씩 회의실 앞에 줄서서 PD에게 인사하고 나오느라 집에 못 간다는 것이다. 실제로 그런 풍경이 벌어지기도 한다. 다만 그건 PD가 인사를 받고 싶어서라기보다는 소속사 매니저들이 신인가수를 홍보하기 위한 목적이 더 크다. 누구는 하고 누구는 안 하면 그것도 괜히 복잡해지니 결국 데뷔 연차순으로 한 번씩 들렀다 가는 게 되었다. 그마저도 점점 사라지는 추세라 요즘도 계속 하고 있는지는 모르겠다. PD들도 방송 끝나면 빨리 집에 가고 싶다.

그럼 조연출들이 배정받고 싶어 하는 진짜 이유는? 편해서. 예능 조연출이 회사에서 살다시피 하는 가장 큰 이유는 편집과 자막 때문인데, 어마어마한 양 때문에 일주일에 사나흘 정도는 그냥 편집실에서 먹고 자며 지낸다. 그런데 음악방송은 생방송이다. 카메라로 촬영하면 바로 TV에 송출된다. 편집할 것도 없고 자막도 가사뿐이다. 일주일에 사나흘을 편집실에서 사는 조연출이 편집할 게 없으면 일주일에 사나흘은 할 일이 없다. 그래서 메인 PD가 뭘 시키느냐에 따라 생활이 완전히 달라진다. 내가 〈쇼! 음악중심〉 조연출이었던 시절 메인 연출을 맡았던 선배는 쿨하기가 이를 데 없었다. "네가 어디서 뭘 하든, 회사에 나오든 안 나오든 상관없고 일일이 보고할 필요도 없다. 방송에 차질만 없게 해라." 그래서 일주일에 이틀 정도 출근했다. 인기의 이유가 실감되지 않는가.

하지만 생방송 당일만큼은 그 어떤 프로그램보다 바쁘다. 편집실에서는 편집이 너무 힘들면 한 바퀴 산책도 다녀오고,

소파에 좀 누워 쉬다가 다시 기운을 차리기도 하지만 생방송은 하루 종일 분초를 다투는 일정으로 돌아간다. 아이돌 덕질을 해본 사람이라면 잘 알겠지만 오후 4시 방송을 위해 아침 7시부터 리허설이 시작된다. 늘 잠이 부족한 아이돌 가수들이 잠이 덜 깬 맨얼굴로 무대에 올라와 안무 동선을 시연해 보인다. 그럼 촬영감독, 조명감독 같은 스태프들은 어느 대목에 누가 나와서 노래를 부르고 어떤 동작을 하는지 이미 여러 번 봐왔지만 마지막으로 눈앞에서 확인하며 콘티를 정리한다.

드라이 리허설°이라고 부르는 이 과정이 끝나면 본격적인 카메라 리허설이 이어진다. 실제 방송으로 나가는 것과 똑같이 카메라로 찍어보며 콘티가 이상 없는지 확인하는 과정이다. 이 과정에서 카메라끼리 동선이 겹친다든지, 실제로 찍어보니 중요한 안무가 제대로 안 보인다든지 하는 문제가 발견되면 수정을 거쳐 생방송에 반영한다. 필요에 따라서는 이때 촬영한 녹화분을 즉석에서 편집해 생방송과 섞어 쓰기도 한다.

이런 종류의 음악 방송을 직접 보면 알겠지만, 컷이 쉴 새

° 의상이나 음향, 카메라 등 일체의 장비 없이 출연자의 동선만 확인해보는 연습

없이 바뀐다. 1초에 한 컷씩, 아니 어떤 컷은 1초도 안 된다. 그 모든 1초짜리 컷들이 완벽한 그림으로 보이는가를 스무 팀 전부 확인해야 하니 정신이 없다. 현장도 전속력으로 달리는데 노래도 대부분 120BPM은 기본으로 달려준다. 다섯 명은 기본이고 열 명, 열두 명씩 되는 아이돌 그룹이 백업댄서들까지 동원해 펼치는 화려한 군무를 열 개의 카메라 모니터 화면으로 동시에 체크한다. 엄청나게 쏟아지는 시각 정보들 속에서 나도 같이 아드레날린이 펑펑 도는 것을 느낀다.

어떤 영역이든 시대가 지날수록 기준도 올라간다. 짧은 시간 단위에서는 실감이 안 나지만 10년, 20년만 쌓아놓고 봐도 그 변화는 강렬하다. 너도 나도 최신 스마트폰을 쓰는 시대에 특별한 기능이 없는 저가형 스마트폰은 이런저런 편법을 동반해 '공짜폰'으로 풀리기도 하지만, 20여 년 전 피처폰 시대에 이런 기계가 나왔다면 아마 중고차 한 대 가격 정도는 호가했을 것이다. 요즘에는 아이돌 그룹도 그 수가 너무 많아 몇몇 인기 그룹을 제외하면 관심 없는 사람들은 대부분 이름도 모를 것이다. 업계 종사자인 예능 PD들조차 잘 모르는 경우가 많다. 생방송이 끝난 뒤에도 PD 회의실 앞에서 기다리며 순서대로 인사를 하고 가는 가수들이 있는 이유다. 하지만 이들 중 어떤 그룹이든 타임머신을 타고 1990년대 음악 방송에 그대로 등장한다면 한국 대중문화사에 한 획을 긋겠지. 우리는 추억으로 그 시절 노래들을 듣지만, 퍼포먼스든 프로듀싱이든 스타일이든 기술적인 측면에서 요즘의 아이돌은 그 시절과 비교한다는 게 불가능할 정도로 상향 평준화 되었다. 그러니 이들의 현란한 무대를 하루 종일 쉬지 않고 코앞에서 보는 것은 아찔할 만큼 흥분되는 일이다.

그만큼 지치기도 한다. 생방송이 끝나고 긴장이 풀린 부조정실*은 그래서 적막이 감돈다. 뉴런이 타들어간 냄새가 꼬릿하게 나는 것 같은 기분도 든다. 보통은 이 시점에 하루 일정이 끝나고 다들 퇴근 가방을 챙긴다. 하지만 경우에 따라, 다음 주 방송에 출연하기로 했는데 스케줄 조율이 안 되는 가수들은 이때 미리 무대를 찍어두기도 한다. 생방송이 끝나고 진행되는 녹화라서 '사후 녹화'라고 부른다. 같은 무대를 여러 차례 찍은 다음 제일 좋은 컷들만 골라 편집해 놓는다.

그날은 '자우림'이 아홉 번째 앨범으로 컴백하는 주였다. 방청객들이 빠져나간 빈 스튜디오에 밴드가 들어왔고 보컬

---

*　촬영이 이루어지는 스튜디오의 모든 장비를 조정하는 곳. 흔히 방송사를 그리는 드라마에서 수많은 모니터 앞에 앉아 PD가 "스탠바이, 큐"를 외치는 그곳이다. 반면 '주조정실'은 TV로 나가는 모든 프로그램을 최종적으로 송출하고 운영하는 곳이다. 생방송의 경우 '주조정실'을 거치지 않고 바로 '부조정실'에서 방송이 송출된다.

김윤아가 무대에 올라섰다. 현란하던 음악들이 사라진 진공 안으로 건반 소리와 그의 목소리만이 조용히 울렸다. 우리의 스물다섯, 스물하나가 영원할 줄 알았다고 노래하기 시작했다.

> 바람에 날려 꽃이 지는 계절엔
> 아직도 너의 손을 잡은 듯 그런 듯 해.
> 그때는 아직 꽃이 아름다운 걸
> 지금처럼 사무치게 알지 못했어.
> 우 너의 향기가 바람에 실려 오네.
> 우 영원할 줄 알았던 스물다섯, 스물하나.

우리는 말이 없어졌다. 녹화는 세 차례 반복됐다. 부조정실은 점점 더 조용해졌다.

PD를 하다 보면, 특히 음악 프로그램을 하다 보면 그런 순간을 만난다. 지금 내가 카메라 뒤에서 느낀 이 감정을 TV로 보는 사람도 고스란히 느낄 수 있으면 좋겠다. 앵글을 바꾸고 컷을 바꾸는 그 과정 속에서 티끌 하나라도 깎여 나가지 않고, 오히려 가까워진 얼굴과 눈빛으로 더 온전히 전달되었으면 좋겠다. 이 시간을 그대로 베어내어 전하고 싶다. 그런 욕심으로 가슴이 조용히 벅차오르는 순간.

어떤 순간이 영원하리라 붙잡는 것은 어리석다. 쓸데없이 조로루老했던 나는 일찍부터 그게 어리석다고 생각했다. 빛나는 순간을 만날 때마다 이것 또한 지나가리라, 부레처럼 떠오르는 말을 곱씹었다. 그래서 스물다섯, 스물하나가 영원할 것이라는 어리석은 생각을 한 적이 없었다. 참 어리석게도 그렇게 어리석어 본 적이 없었다.

세 번의 촬영이 끝나자 우리는 서둘러 다음 사후 녹화 팀을 무대 위로 올렸다. 멍하니 아득해진 기분을 씻어내려는 것 같았다. 하지만 다음 무대를 찍는 중에도, 촬영이 모두 끝나고 퇴근하는 길에도 스물다섯, 스물하나를 부르는 목소리가 잔잔히 들려오는 것 같았다. PD는 일터에서 종종 이런 마법 같은 순간을 만난다.

2장

뭐라도 있으면
발을 디딘다

끝까지 가본 경험이 바꾸는 것

책을 읽으려고 집어 들었을 때 제일 재미있는 대목은 어딜까? 표지다. 책을 읽는 일이 고되다는 뜻의 농담이 아니다. 나는 책 읽는 걸 굉장히 좋아하는 사람인데도 그렇다. 흥미로운 도입부의 문장, 읽어나갈수록 점점 더 흡입력 있는 내용. 마지막 장까지 읽고 나서 몰려오는 성찰과 여운의 재미를 여러 번 맛봤지만, 여전히 표지의 매혹적인 힘이 가장 강렬하다고 느낀다. 표지는 상상하게 만들기 때문이다. 제목과 디자인, 대강 어떤 내용을 다루고 있다는 정보, 저자의 이름 정도만 주어지면 자동적으로 그 조합에서 떠올릴 수 있는 가장 흥미로운 내용을 상상하게 된다. 실제로 책에 그런 내용이 있을 수도, 없을 수도 있다. 있더라도 아마 중반 이후쯤 등장하겠지.

자, 이제 그 내용에 가닿기를 기대하면서, 그 흥미로운 절정을 품은 채로 책을 펼친다. 그러나 책이란 수없이 많은 평범한 문장들로 이루어져 있다. 매혹적인 표지를 열어보면 하얀 종이 위로 윤기 없는 글자들만 끝없이 이어져 있다. 아마 이 문장들을 따라가다 보면 표지에서 떠올린 그 흥미로운 내용을 만나기야 하겠지만, 그러려면 이 수많은 문장들부터 차근차근 읽어나가야 한다. 독서라는 활동 안에 포함된 이 필연적인 무료함은 책의 진짜 재미에 닿기 위해 반드시 거쳐야 하는 실체이다. 종종 이러한 실체를 거쳐 갈 기력이 없는 이들이 표지가 주는 상상의 즐거움에만 머무르다 끝내기도 한다. 재미있어 보이는 책을 사기는 사는데 끝까지 읽은 것이 거의 없는 이들은 상상과 가능성으로 유혹하는 표지에 비해 권태로운 실체의 문장이 만드는 낙폭을 견디기 어려운 것일지도 모른다. 비슷한 예로는 모처럼 여유가 생긴 휴일 오후에 영화라도 보려고 넷플릭스를 켰는데 뭐 볼까 고르느라 선택 화면만 30분째 바라보는 사람들을 꼽을 수 있겠다.

감상과 소비가 이럴진대 뭔가를 만들어내는 동력이란 더욱 빨리 소진된다. 학창 시절 나는 늘 만화를 그리는 학생이었는데, 그러다 보니 주변에도 만화를 좋아하는 친구들이 자주 모여들었다. 만화를 좋아하는데 직접 그리는 일도 재미있다는 것을 깨달으면 그때부터 자신만의 세계를 그려보고 싶은 욕심이 생긴다. 본 건 많으니 머릿속에는 이미 엄청난 장면들이 펼쳐진다. 최후의 순간까지 포기하지 않는 주인공의 결의, 진정한 자신을 깨닫고 각성한 주인공의 가공할 위력, 평행선을 달리는 것처럼 늘 부딪히지만 결정적인 순간 협력하는 매력적인 라이벌 같은 장면들 말이다. 그래서 이런 캐릭터들을 그려놓고 그럴 듯한 설정을 잔뜩 적어 넣는다든지, 극적인 한 장면의 일러스트를 그려내며 창작의 희열에 가슴 설레한다.

하지만 캐릭터와 일러스트는 만화가 아니다. 본격적인 원고지 위에, 아니면 연습장 위에라도 컷과 대사를 채워 넣으며 스토리가 있는 진짜 만화를 그리기 시작하면 깨닫는다. 형태를 갖춘 창작이라는 것이 얼마나 지난한 과정들로 이루어져 있는가를. 멋진 장면, 모델 같은 포즈의 캐릭터를 그리는 일은 즐겁지만, 이야기를 구성하는 장면 속 인물들은 대부분 평범하게 서 있거나 평범하게 앉아 있거나 평범하게 걷고 있다. 이야기는 삶의 재현인데, 현실의 우리는 모델 같은 포즈로 살고 있지 않으니까. "드라마는 지루한 부분들을 잘라낸 인생"이라고 히치콕은 말했지만, 그 드라마조차 결국은 인생의 재현이라 그 와중에 무료한 구간들이 존재할 수밖에 없다. 빨리 멋진 장면에 이르고 싶은데 이런 완충제 같은 장면들을 그리는 과정은 썩 즐겁지 않다. 게다가 그런 것들을 그리다 보면 생각보다 내가 자연스럽게 그려낼 수 있는 자세나 표정이 몇 개 되지 않는다는 것도 깨닫는다. 멋진 일러스트만 그릴 때는 묘사해볼 일이 없었던 구도나 자세가 이야기엔 필요한 순간들이 온다. 그때 비로소 '아, 이래서 기본기가 필요하구나, 배워야 하는구나' 실감하는 것이다. 지도로 보는 목적지는 늘 생각보다 가까워 보인다. 직접 그 길을 두 발로 걸어보면 지도에는 보이지 않던 수많은 것들을 직접 디디며 가야 한다는 것을 알게 된다.

많은 친구들이 이쯤에서 중도하차하곤 했다. 소비자로서 눈은 잔뜩 높아져 있는데, 직접 창작하는 입장이 되어 거기 한참 못 미치는 자기 실력을 보니 견딜 수가 없는 것이다. 영화 〈8마일〉에 등장한 대사, "꿈은 높은데 현실은 시궁창"이란 표현이 왜 인터넷의 관용어가 되었는지 이해가 되는 대목이다. 어찌 생각하면 지극히 합리적인 선택이다. 그냥 소비자로 머무르면 저토록 훌륭한 작품들을 끝없이 감상할 수 있는데, 왜 굳이 내 손끝에서 나온 비루한 산물을 보며 괴로워해야 한단 말인가.

그런데 단 한 번만, 마지막 페이지까지 채운 한 권의 연습장이든, 결말까지 제대로 그려낸 한 편의 원고든 단 하나만 제대로 완성해보면 느낌이 달라진다. 이 한 번의 경험이 사람을 바꾼다. 나 역시 처음으로 마지막 장까지 연습장을 꽉 채워 만화를 그렸던 순간 말로 할 수 없는 고양감을 느꼈다. 그 순간이 평생 이어진 창작의 본격적인 시작이었다. 비록 연습장 속 수많은 장면들은 대체로 엉망이었지만, 그래도 가고자 했던 장면에 이르기 위해 지난한 과정들을 부대껴 본 사람은 이제 가능성에만 머무르지 않는 것이 무엇인지 안다. 마지막 페이지까지 읽어낸 책은 표지만 보고 상상한 것보다 반드시 더 가치 있는 경험을 선물한다. 자기 두 발로 직접 디더본 길은 이제 지도만 봐도 어떤 장면들을 만날지 구체적으로 떠올릴 수 있으니까.

반짝반짝 빛나는 아이디어, 그 다음은?

PD에게 편성이 가장 중요하다는 것, 그 때문에 타협하는 태도를 끊임없이 훈련한다는 사실은 그래서 중요하다. 마감이 정해진 창작을 한다는 것은 그 자체로 타협을 지속한다는 말과 다르지 않다. 찬란하든 궁색하든, 정해진 기한까지 완성된 형태의 결과물을 내어놓아야 하는 것. 그것이 보수를 받는 직업인의 일이다.

PD들끼리 나누는 대화 속에 자주 등장하는 문장이 있다. "이런 거 재밌을 것 같지 않냐." 뭘 만들면 재미있을까 늘 생각하며 사는 이들이다 보니, 잡담 수준의 기획 아이디어도 자주 대화의 소재가 된다. 실제로 방송되어 인기를 끌었던 예능 프로그램 중에서 PD들의 이런 술자리 농담이 몸을 입은 것이 적지 않을 것이다. 이렇게만 말하면 정말 사석에서 낄낄거리던 걸 방송으로 만든 것 같지만, 술자리 농담에서 나온 이야기가 진짜 방송이 되려면 이제 정신 똑바로 차리고 현실적인 고민들로 체를 쳐 나가야 한다.

　사실 기발한 아이디어 단계의 아이템을 접할 일은 생각보다 많다. 공채에 지원하는 PD 지망생들의 기획안을 봐줄 때도 있고, "성민 PD, 나한테 진짜 끝내주는 아이디어 하나 있는데 들어 봐"라며 예능 아이템을 자랑스레 들려주는 지인들도 한 번씩 등장한다. 이런 아이디어들, 솔직한 말로 그리 나쁘지 않다. PD 지망생이 본인의 기획안을 현직자인 나에게 보여줄 때는 나름의 예선과 몇 번의 심호흡을 거쳐 다듬은 것일 테고, 자랑스럽게 자신의 아이디어를 들려주는 지인은 과연 자기 생각에도 기똥차다 싶었으니 저렇게 의기양양했구나 싶은 경우도 많다. 이미 출연자 섭외까지 끝냈다. 봐봐, 일단 진행은 유재석이 맡고, 요즘 또 이 친구가 핫하잖아. 이 친구를 패널로 붙이는 거지. 거기에 비장의 카드로 이 전문가는 잘 안 알려져 있는데 내가 눈여겨봤거든. 이렇게 구성하면 못 보던 그림이라니까? 듣다 보면 오호라, 정말 만들어지기만 한다면 볼 만하겠는데?

　여기서 방점이 찍히는 건 '볼 만하겠는데?'보다는 '만들어지기만 한다면' 쪽이다. 아이디어는 누구나 낼 수 있다. 그게 정말 반짝반짝 빛날 수도 있다. 하지만 아이디어 그 자체는 펼치지 않은 책 표지, 만화가 되지 못한 멋진 일러스트와 비숫하다. '진짜 방송'이 되기 위해 세부적인 구성을 만들다 보면 아이디어 단계에서는 생각지도 못했던 난점들이 턱턱 길을 막는다. 마치 만화를 그려나가다가 내가 이런 포즈는 못 그리는구나 깨닫는 순간들처럼. 섭외도 처음 생각했던 대로 될 턱이 없다. 아유, 우리도 유재석이 해주면 너무 감사하죠. 아이디어 얘기할 때는 뭔 말을 못하겠어요. 기획안 떠올리며 마음껏 상상을 펼쳤으니 이제 제작, 그러니까 현실로 돌아옵시다. 어쨌든 만들어내는 게 중요하니까요.

한때 플래시몹*에 꽂혀서 관련 영상을 잔뜩 찾아보던 적이 있었다. 유튜브 초창기엔 이런 플래시몹 영상들이 꽤 유행했는데, 처음엔 그저 약간의 일탈로서 짧은 구호 정도나 외치던 플래시몹 이벤트가 시간이 흐를수록 자본이 붙고 서사와 연출이 동원되면서 감동적인 볼거리를 만들어냈다. 그중 최고는 단연 뮤지컬 플래시몹이었다. 번화가나 대형 쇼핑몰 곳곳에서 손님인 척 시치미를 뚝 떼고 숨어 있던 뮤지컬 배우들이 순식간에 그 공간을 무대로 만들어버리는 장면은 디즈니 영화의 한 장면처럼 마술적이었다. 그리고 당연히, PD들은 좋은 걸 보면 써먹고 싶다는 생각부터 한다. 이렇게 매력

---

*   flash mob. 불특정 다수의 사람들이 특정한 시간에 공개된 장소에 모여 약속된 행동을 하고 아무 일도 없었던 것처럼 흩어지는 행위

적인 소재를 예능으로 만들 수 있으면 좋을 텐데. 사람들은 누구나 일상 속 마법 같은 순간을 원하는걸.

머릿속에는 이미 홍대 거리 한복판을 뮤지컬 무대로 바꿔버린 배우들과, 그 장면을 보고 아이처럼 좋아하는 시민들이 그려진다. 어떤 앵글로 찍을지도 벌써 다 나왔다. 녹화 현장에서부터 사람들이 재미있어 할 테니까 인터넷에서 제법 화제가 되지 않을까? 여러 편을 찍어야 할 테니 회차마다 변주도 줘야겠다. 홍대 번화가 같은 곳에서는 대형 뮤지컬처럼 배우들을 잔뜩 동원해서 스케일을 키우고, 늦은 시간 퇴근하는 사람들이 몸을 기댄 버스에서는 어쿠스틱 연주회를 열자. 편의점 새벽 알바생에게는 가짜 상황극으로 시작해서 감동으로 끝내는 것도 괜찮겠다. 아, 그럼 사연을 받아야겠네. 사연 주인공에 맞춘 연출로 만들면 매회 다양하게 꾸밀 수 있겠어. 무엇보다 플래시몹 공연 자체가 훌륭해야 하니까 뮤지컬 전문 연출가들을 따로 섭외해야겠다.

여기까진 아이디어. 벌써 한 10회까지 찍은 기분이다. 하지만 구체화하는 단계에서 고민들이 줄줄이 고개를 든다. 플래시몹 공연은 아무리 길게 만들어봐야 5분 남짓일 텐데, 한 시간짜리 방송에서 5분 플래시몹을 보여주면 나머지 50분은 뭘 하지? 사연 신청자에게 사연 듣고, 출연자들이랑 같이 오늘의 주인공은 어떤 하루를 보내는지 몰래 지켜보고. 이거다 해봐야 10여분. 나머지는 준비하고 연습하는 모습으로 채워야 되나. 뭐 오늘의 무대 감독이나 뮤지션 소개하면서 토크 좀 털고, 오늘 할 노래 설명도 좀 하고, 플래시몹 본격적으로 시작하기 전에 긴장되는 분위기 보여주면서 쪼아주고, 출연하는 패널들 몇 명도 공연에 같이 참여할 테니까 이 주인공들 서로 티격태격하면서 고생하고 준비하는 모습들까지 하면 분량은 어떻게든 채울 수 있긴 할 텐데.

어디서 많이 본 느낌이라고? 맞다. 수많은 한 시간짜리 예능의 구성이 왜 비슷했는지 이해가 되지 않는가. 어찌저찌 그렇게 만든다고 해도 고민은 끝나지 않는다. 어차피 마지막 5분 보려고 보는 방송인 거 사람들도 다 알 텐데 앞에 이런 장면들까지 기다리면서 봐줄까. 방송 끝나면 플래시몹 부분만 따로 편집한 클립이 인터넷에 돌아다닐 텐데 나 같아도 그거 보겠다. 게다가 녹화도 매주 하나씩 해야 되는데 일주일 만에 만드는 무대가 과연 얼마나 훌륭할까? 바쁜 패널들이 주중에 이거 연습하는 스케줄을 내줄까? 그리고 보니 촬영 고지 안 하고 현장에서 깜짝 플래시몹 찍으면 지나가던 시민들 리액션은 전부 동의받아야 방송에 낼 수 있잖아? 표정 좋았는데 플래시몹 끝나기 전에 가버린 사람들은 어떡하지. 요즘 같은 때는 그런 거 그냥 냈다가는 문제될 수도 있는데. 이쯤 되면 깨닫는다. 좋은 소재라고 생각했는데 왜 그동안 방송으로는 안 만들어졌는지, 왜 광고회사들이 이벤트성으로 크게 한 번 보여주고 끝내는 프로젝트로만 남았는지.

'재미있겠는데?' 하고 처음 생각했던 아이디어들은 대부분 이렇게 구체적인 실현을 고민하기 시작하면서 기각되거나 모양이 많이 달라진다. 그냥 농담 삼아 '이런 거 재미있지 않을까?'라고 얘기했던 사람이라면 '아, 생각보다 어렵구나!' 하면서 도로 집어넣으면 되겠지만, 회사에 '이런 기획으로 새 프로그램을 만들겠습니다!' 하고 당당하게 제안해서 이미 결재까지 받은 PD라면 죽이 되든 밥이 되든 완성해야 한다. 처음 아이디어를 떠올리며 '재밌겠는데!' 외쳤던 기대감은 진짜 제작의 난관을 만날 때마다 피어오르는 우려에 점점 잠식당한다. 이게 될까? 진짜 생각했던 대로 나올까? 예능은 어지간하면 다시 가는 것도 없다. 드라마처럼 "NG!" 외치고 문제점을 수정해서 다시 촬영하는 것도 불가능하다. 모든 요소를 세팅해 놓고 녹화에 들어갔는데 생각했던 대로 풀리지 않으면 그대로 망한 흐름을 타기 시작하는 거다. 그렇게 되지 않도록 현장에서 예민하게 판단하며 순발력을 발휘해야 하고, 그보다는 촬영 전에 가능한 많은 변수를 고려

해두는 것이 좋다.

변하지 않는 사실은 역시나 '어떻게든 방송은 나가게 되어 있다'라는 것이고, 그렇다면 무슨 난관을 만나든 결국 돌파구를 찾아내야 한다. 어떻게든 돌파구가 있긴 있더라. 난관들을 하나씩 해결해 나갈 때마다 '어, 이러면 더 재밌겠는데?' 하는 기대감이 다시 피어오른다. 새로운 프로그램을 만들 때의 희열은 우려에 잠식당하던 기대감이 다시 우려를 추월하기 시작할 때 가장 크게 차오른다. "재밌겠는데?"에서 "이게 될까……?"로, 거기서 다시 "재밌겠는데!"로 오르락내리락. 말하다 보니 아무래도 마음 건강을 잘 챙겨가며 일해야 하는 직업이다. 이렇게 요동이 심해서야.

그래도, 뭐라도 있으면 발을 디딘다

이 일을 하다 보니 주변에도 뭔가를 찍고 그리고 쓰고 만드는 사람들을 점점 더 많이 알고 지내게 된다. 그중에는 그걸로 먹고 사는 사람들도 있고, 지금은 다른 일을 하고 있지만 마음속에 대작 하나 품고 사는 사람들도 있다. 후자에 속하는 사람들 중에서는 마침내 어떤 모양으로든 그걸 꺼내놓는 이들도 있지만, 훨씬 많은 이들이 그저 마음속에 그런 걸 품었다는 사실 자체에서 위안을 얻고 만다. 그 위안을 살아가는 동력의 하나로 삼는 것도 나쁘진 않겠다. 하지만 끝내 꺼내놓지 못했다는 사실이 어느 날 서글퍼질 것 같다면, PD들이 하듯 타협하며 전진하는 태도를 연습하는 것도 좋을 것 같다. 아마 지금 당장은 이상적인 환경이 아닐 것이다. 이런 조건에서 시작했다간 안 하는 것만 못한 결과를 낳을 거라고 생각할 수도 있다. 하지만 수많은 사례에 비추어 보건대 그런 이상적인 순간은 영영 오지 않는다. 비루하고 궁색하더라도 결과물이 있는 게 아무것도 없는 것보다는 낫다. 어떻게든 한 번 완성해보면 두 번째는 약간 더 할 만하다. 그때 더 괜찮은 걸 만들면 되지. 그렇게 지금 손에 쥔 것들만으로 조금씩 나아가는 것. 그래서 뭐라도 남기며 전진하는 것. 그게 이 일이 나에게 알려준 가장 중요한 태도이다. 완벽하지 않더라도 실체가 있다면 디디고 나아갈 수 있다.

"주로 어디서 영감을 얻나요?"

인터뷰나 토크쇼의 게스트가 무언가를 창작하는 사람이라면 꼭 등장하는 질문이 하나 있다. "주로 어디서 영감을 얻으시나요?" 대단히 광범위한 질문이다. 말을 잘하는 사람이 된다는 것은 이런 광범위한 일반론을 묻는 질문에 질감이 느껴지는 구체적인 대답을 하게 된다는 뜻 아닐까.

만약 누군가 "행복이란 무엇일까요?"라고 묻는다면 뭐라고 대답할까? 뭔가 머릿속에 따뜻하고 몽글몽글한 형상들이 빙글빙글 도는데 이걸 담아낼 말을 못 찾아 간지럽고 답답한 사람이 대부분일 것이다. 시인들이 괜히 시인이 아니다. 하지만 "당신은 어떤 순간에 가장 행복한가요?"라고 묻는다면 하고 싶은 말이 많아진다. 폭넓은 공감을 얻는 '행복의 정의'는 흐릿하지만 사람들이 '맞아, 맞아' 응수하는 행복의 순간들은 많다. 추운 겨울밤 따뜻한 물로 샤워하고 나와 이불을 두른 채 여유롭게 귤 까먹으며 보는 영화 한 편이라든지, 종일 더웠던 여름날 어스름한 저녁에 달아오른 얼굴을 식히며 들이키는 차가운 생맥주 한 잔 같은 것들. 구체적인 행복은 훨씬 생생하다. 이보다 개인적이고 내밀한 행복의 순간들까지 듣는다면 더욱 다채로울 것이다.

이렇게 저마다의 행복이 있음에도 "행복이란 무엇일까요?"라는 물음에 사람들이 머뭇거리는 이유는 이것이 일반론이기 때문이다. 왠지 모든 사람이 공감할 수 있어야 내 대답이 유의미할 것 같다는 부담을 느낀다. 나는 이런 순간 행복하지만 다른 사람들은 어떨지 알 수가 없으니까. 좋은 대답을 들으려면 질문을 잘해야 한다.

영감의 원천도 마찬가지다. 어떤 창작자든 특정 작품의 시작점을 물으면 비교적 수월하게 답변할 수 있을 것이다. 해 아래 새것이 없나니, 모든 작품은 반드시 몇 단계의 디딤돌을 거친다. 거장 봉준호 감독의 인터뷰만 봐도 〈괴물〉은 그가 10대 시절 한강변에서 실제로 목격했다는 괴생물체의 형상에서 출발했고, 〈설국열차〉는 홍대 인근 서점에서 발견한 동명의 프랑스 만화를 선 자리에서 다 읽어버린 것이 시작이라고 한다. 〈설국열차〉는 계급간의 갈등을 직설적으로 형상화한 이야기인데 이는 봉준호라는 개인이 천착해온 문제의식이고, 〈설국열차〉를 촬영하는 동안 20대 시절의 과외교

사 경험을 떠올리며 상류층과 하층민이 엮이는 이야기를 구상한 것이 〈기생충〉의 출발이라고 한다. 영감은 서로 꼬리에 꼬리를 물며 이어진다.

당연히 이것들만이 각각의 유일한 출발점은 아니었을 것이다. 어떤 씨앗은 여러 맥락을 만나며 무성하게 자라나는 반면, 적절한 토양을 만나지 못하면 그저 씨앗인 채로 머물러 있기도 한다. 우리는 이 모든 것을 '영감'이라고 부른다. 이 모든 출발점에 대해 "영감을 어디에서 얻느냐"는 한 가지 질문으로 물으면 뭐라고 대답해야 할까?

앞서 봉준호 감독의 인터뷰에서 맥락을 제거하면 이렇다. '자주 멍을 때리고 창밖을 봐요. 끊임없이 새로운 콘텐츠를 찾아다녀요. 한 가지 문제의식을 치열하게 따라가요. 다양한 사회 경험을 해봐요……' 아마 비슷한 주제의 인터뷰를 본 사람이라면 반드시 이 중 한 가지 대답은 본 적이 있을 것이다. 다 맞는 말이긴 한데, 맥락이 없으니 의미도 희미하다. 그저 대답을 위한 대답.

사실 이런 질문을 받는 사람들은 창작자들 중에서도 모종의 성취를 이룬 사람들이다. 그러니까 인터뷰도 하고 방송 출연도 하겠지. 그만큼 충분히 창의적인 사람들이고, 이런 대답도 얼마든지 멋들어지게 할 수 있다. 인터뷰도 기술이라

하다 보면 는다. 비슷한 질문을 오죽 많이 받았겠는가. 기껏 물어보는데 글쎄요, 할 수도 없는 노릇이고, 그래도 뭔가 형태가 있는 대답을 내어주어야 질문자도 난처해지지 않는다. 그래서 어떻게든 말을 만들어서 대답한다. 때문에 '이런 위대한 창작자들이 영감을 얻는 비결은 뭘까?' 하는 마음으로 인터뷰를 읽는다 한들 아마 모사하기에는 그다지 유용하지 않을 것이다. 그냥 그들이 한결 더 멋져 보일 뿐.

스위치를 켜고 삽니다

그래도 그중 〈톡이나 할까?〉에 출연했던 김영하 작가가 내어놓은 대답은 참 좋았다. '일할 때가 아니어도 매일 글을 쓰거나 하는 의례가 있는지' 묻는 질문에 그는 "작가로 사는 일에 집중한다"라고 답했다. 작가로 사는 일. 사람들을 관찰하고, 책을 읽고, 생각을 하고, 멍하니 시간을 보내는 일. 작가가 아닌 사람들은 하루 종일 바쁘기 때문에 오히려 멍하니 있을 수 있는 시간을 작가에게 주어지는 일이라 생각한다고. 역시 위대한 작가는 다르다. 사실 요약하면 '특별히 하는 거 없다'라는 말과 크게 다르지 않은데 그 말을 이토록 멋지게 하다니. 그러니까 뭐든지 자꾸 요약해 버릇하면 못쓴다.

영감의 원천은 작가로 사는 일. 특별한 비결이 없다. 삶의 태도다. 나는 딱히 성공하진 않았지만 어쨌든 직업은 창작자니 비슷한 질문을 받을 때가 있다. 프로그램을 만들거나 글을 쓰는 데 필요한 소재는 어떻게 얻느냐고. 내 나름대로 하는 대답은 '스위치를 켜고 사는 것'. 결국 같은 말이다. 특별히 무엇을 하는 게 아니라 그냥 살되, 매순간 보고 듣고 만나는 모든 것을 그냥 지나치지 않는 것. 사소한 것이라도 꼬리를 물고 이야깃거리를 따라가 보는 것. 일터가 아니어도 여전히 창작자로 사는 것. 머릿속에 퇴근이 없다는 말은 이런 뜻이다.

그러니까 '영감의 원천은 무엇인가', '자신만이 갖고 있는 감성의 비결은 무엇인가' 같은 질문들은 결국 '너는 어쩌다 이런 사람이 되었느냐'라는 질문인 셈이다. 새롭고 흥미로운 창작물을 꺼내놓는 사람들의 머릿속에서는 가히 불수의근에 가까운 작용이 일어난다. 어디선가 흥미가 시작되었을 때, 대부분은 그게 왜 어떻게 시작되었는지 잘 모르는 채로 모락모락 울컥울컥 나오는 것들을 눈앞에 꺼내어 다듬어낸다.

자전거를 잘 타는 사람에게 자전거 앞바퀴 드는 법을 알려달라거나 장시간 자전거를 탈 때 근육통을 예방하는 법 같은 것을 묻는다면 제법 유용한 팁을 잔뜩 얻을 수 있을 것이다. 하지만 단순히 '자전거 잘 타는 법'은 좀 막막한 질문이다. 자전거를 타본 사람이라면 알겠지만 자전거는 그냥 자꾸 타다 보면 어느 순간 잘 타게 된다. 조금씩 몸으로 익힌 여러 종류의 감각과 마음가짐의 유기적 결합물이다. 불안하니까 뒤에서 잡아주던 아빠에게 '놓지 마, 놓지 마, 놓지 마'를 연발하며 저 혼자 멀리 달려가는 게 자전거다. 어떻게 그렇게 타게 됐는지는 자신도 깨닫지 못한 채.

우리가 뜻대로 파악하고 조율할 수 있는 것은 불수의근인 감성이나 영감이 아니라, 진짜 수의근인 대둔근이나 외복사근에 해당하는 독서량이나 식단 같은 것들일 테다. 그러니까 영감을 얻는 비결보다는 영감을 만났을 때 그걸 단단히 붙잡고 집중할 수 있는 쾌적한 몸과 환경, 그리고 거기서 여러 갈래의 가지를 쳐 나갈 수 있도록 어휘와 지식들을 쌓아놓는 것만이 실제로 할 수 있는 일의 전부 아닐까. 씨앗이 날아와 자리를 잡았을 때 충분히 뿌리를 내릴 수 있도록 비옥한 토양을 다져두는 것. 그게 없으면 홍대 앞 서점에서 똑같이 『설국열차』를 보더라도 '오, 재밌네' 하고 끝나버릴 테니까.

아, 한 가지 확실한 건 있는 것 같다. 자전거를 잘 타려면 일단 많이 타보는 게 제일 중요하다. 절대적인 양은 질을 견인한다. 요령이 없을 땐 일단 무식하게 많이 해보면 된다. 그럼 요령은 알아서 생긴다.

나는 PD 중에서 비교적 여기저기 글도 많이 쓰고 학생들을 만나는 강의 자리에도 자주 불려가는 편이라 PD 공채를 준비하는 학생들의 고민을 들을 일도 많다. 그러다 보면 가장 자주 보게 되는 것이 '작문'이다. 공개 채용에서 1차로 서류 전형을 통과하면 그 다음 필기시험인 작문을 보게 되는데, 기자 시험의 논술과 비교하면 어떻게 써야 할지 막막한 것이 사실이다. 작문, 글짓기. 차라리 논술은 최신 시사를 꼼꼼히 공부하고 자기 관점을 논리적으로 쓰는 연습을 하면 될 것 같은데, 다짜고짜 글짓기라니. 뭐가 문제로 나올지도 모르고 어떤 게 잘 쓴 글인지 참고할 모범 답안도 없다. 그동안 나왔던 제시어 몇 개만 예로 들어볼까. '평상심', '세상에서 나만이 알고 있는 유일무이한 생각', '한류'. 아무 공통점이 없다. 이런 문제를 미리 예상한다는 것도 불가능하다. 그래서 학생들은 까마득한 심정으로 일단 자신이 쓴 작문을 들고 와서 묻는다. 어때요?

나도 모른다. 정답은 없으니까. 내 눈에는 잘 쓴 작문도 심사를 맡은 담당 PD의 눈에는 별로일 수 있다. 그래서 PD가 되고 싶어 하는 학생들에게 입버릇처럼 말한다. PD 공채 합격은 운이 좌우한다고. 너무 거기에만 매달리지 말라고. 당연히 기본적인 소양은 있어야 하겠지만, 회사가 원하는 인재상도 매년 달라지고 작문이나 면접 때 만나는 평가자의 취향에 따라서도 많은 것이 달라진다. 그래도 취향을 뛰어넘어 준수한 인재는 비슷하게 인정하지 않느냐고? 최종 면접까지 가서도 심사자들끼리 서로 원하는 후보가 달라서 의견을 조율해야 하는 일도 왕왕 벌어진다. 물론 그 모든 차이를 뛰어넘는 압도적인 인재라면 걱정 없겠지만, 그런 사람이라면 나는 물론 다른 누구의 조언도 필요 없겠지.

그러니 작문 시험에서도 어떻게 하면 합격에 유리하다고 말해주는 건 무의미하다. 당연히 좋은 작문의 기술적인 요소들은 있다. 구체적인 어휘의 사용, 짧고 정확한 문장, 두괄식 전개 같은 것들. 대부분 '가독성'이라는 하나의 장점으로 수렴되는 내용들이고, 하루에 수십 장씩 비슷한 글을 읽고 평가하는 사람에게 점수를 따내야 한다는 채용 과정의 특수 상황도 반영된 이야기다. 하지만 그 외에 '합격에 유리한 내용'

이 무엇일지는 아무도 모른다.

　준비하는 이들 입장에서 제일 막막한 것은 '뭐가 나올지 모른다'는 사실일 것이다. 시험 준비한다고 연습 삼아 계속 써보지만, 이런 글을 써서 얼마나 도움이 될지도 자신이 없다. 불안한 마음에 애꿎은 시사 상식만 더욱 공부한다. 그래도 요즘 유행하는 개념이나 용어가 출제될 가능성이 크니까. 최소한 개념이라도 꿰고 있으면 문제로 나왔을 때 당황하진 않겠지. 좋은 생각이다. 다만 평가하는 PD들이 그런 최신 시사 이슈를 얼마나 잘 알고 있을까 생각해보면 별로 긍정적인 대답은 안 떠오른다. 나도 최신 이슈 잘 모른다. 상식 수준의 기본적인 내용만 알고 있으면 충분할 거라는 얘기다.

나는 무슨 이야기를 하고 싶은가?

뭐가 나올지 모르는 상태에서 예상 질문을 뽑아가며 연습하는 것은 비효율적이다. 그보다 중요한 질문은 이것이다. "나는 무엇을 쓰는 사람인가? 무슨 이야기를 하고 싶은 사람인가?" 어차피 뭐가 나올지 모른다면 내 예상이나 통제 바깥의 것에 매달리기보단, 내가 잘 아는 것에 집중하는 것이 낫다. 내 삶을 관통하는 질문이나 가치가 있다면 무슨 제시어가 나오든 상관없이 그 얘길 하면 된다. 그런 사람이라면 어차피

PD가 되어서도 계속 그 이야기를 하게 될 테니까.

예를 들면 '소외'가 중요한 질문인 사람이 있다. 사회적으로 소외당하는 이들, 제도의 바깥으로 밀려난 이들, 평범한 관계 속에서 소외되는 사람들에 대한 관심을 멈추지 못하는 사람. 이런 사람은 작문 주제로 뭐가 나오든 소외에 대해 쓰면 된다. 요즘 뜨거운 '메타버스'가 제시어로 나온다면 메타버스라는 가상의 세계가 중요해질수록 오히려 그 세계 밖으로 밀려나는 사람들이라든지, 반대로 현실에서 소외됐던 이들을 메타버스가 어떻게 품을 수 있을지를 쓸 수도 있겠다. '재미'가 가장 중요한 가치인 사람이라면 아마 평소에도 뭐가 재미있는지를 열심히 찾아다녔을 것이다. 그럼 메타버스에서 재미는 얼마나 중요한 가치로 작용하는가, 현실에서만 누릴 수 있는 재미들을 가상세계와 어떻게 접목할 것인가에 대해 할 말이 많겠지. 그걸 에세이로 풀든 단편소설의 형식을 빌리든 모양은 부차적인 문제이다.

그러니까 이런 거다. 요리하는 사람에게 식재료는 중요하다. 식재료마다 가장 잘 어울리는 조리법이 있기 마련이다. 어떤 생선은 회를 떠먹는 것이 제일 맛있고, 돼지고기는 부위에 따라 굽기보단 찌개에 넣는 것을 추천하기도 한다. 요리 전문가라면 어떤 식재료가 주어지든 가장 잘 어울리는 조리법을 활용할 것이다. 하지만 대부분의 사람들은 모든 조리법을 완벽하게 구사하지 못한다. 그렇다면 차라리 식재료에 구애받지 말고 한 가지 요리의 달인이 되는 것이 낫다. 말하자면 나는 튀김에 미친 사람이다. 뭐든지 튀긴다. 닭도 튀기고 양파도 튀기고 신발도 튀긴다. 오늘의 식재료로 무엇이 나오든 일단 밀가루 입혀서 끓는 기름에 넣고 본다. 바삭하게 튀기는 거 하나는 자신 있다. 도미가 나왔다고 다들 해본 적도 없는 회를 뜨느라 애먹고 있는데, 기가 막힌 도미 튀김을 내놓으면 일단 눈에 띈다. 운 좋게 튀김이 잘 어울리는 새우나 오징어가 나왔다면 더할 나위 없다. 어떤 제시어가 나오든 자기 시선과 주제가 있는 사람은 자신만의 이야기를 할 수 있다. 따라서 작문을 준비한다는 것은 세상을 바라보는 자신만의 관점을 가져야 한다는 뜻이 된다. 그 관점이 합격에 유리할지는 알 수 없지만, 적어도 백지 앞에서 무엇을 써야 할까 막막해지는 일은 없을 것이다.

　그건 단순히 벼락치기로 시험을 준비하며 만들 수 있는 건 아닐 것이다. 자신을 둘러싼 세상에 꾸준히 관심을 가지고 바라보는 시간들이 쌓인 결과이다. 시험을 준비하며 그걸 발견했다면 시험은 그동안 쌓여온 이야기가 드러나는 계기였을 뿐이다. 결국 PD도 이야기를 만드는 사람이고, 세상의 특

정한 영역에 대한 자신의 관점을 보여주는 사람이다. 갈수록
콘텐츠의 홍수가 범람하는 시대에 이야기를 만드는 사람이
자신만의 관점을 벼리는 것은 더욱 중요해진다. '무슨 이야
기를 할 것인가.' 아마 이 직업을 가지고 있는 한 계속 만나는
질문일 것이다. 그 시작에서 같은 질문을 하게 만드는 작문
시험은 제법 괜찮은 관문 같다. 설령 운이 중요한 그 시험에
서 떨어지더라도, 이야기를 만들며 살아갈 거라면 반드시 답
을 해야 할 질문일 테니까.

창의력은 언제 발휘되는가. 창작하는 직업을 가진 사람이 아니라면 일상에서 창의력을 발휘할 기회는 많지 않다. 누군가는 퇴근하고 짬을 내어 글도 쓰고 그림도 그리며 잠든 창의력을 깨우겠지만, 그렇게 부지런한 사람이 얼마나 될까?

　아마 사람들이 실제로 창의력을 가장 폭발시킬 때는 '먹을 때'일 것이다. '라면 맛있게 끓이는 나만의 비법' 정도는 다들 하나씩 가슴 속에 품고 있지 않나. 찬물에 스프부터 넣고 끓인다든지, 물을 좀 적게 잡고 반숙 노른자를 섞는다든지, 국물에 쌈장을 푸는 것 같은 온갖 비법들. 하다못해 편의점 컵라면을 먹을 때도 왕뚜껑에 동원참치를 기름째 넣고 물을 붓거나(맛있다), 공화춘짜장과 불닭볶음면을 섞어 먹거나(역시 맛있다) 하는 레시피들은 끝도 없이 쏟아져 나온다. 애초에 흰쌀밥과 다양한 반찬이 한꺼번에 차려지는 한국식 밥상은 그 자체로 개인의 창의성을 강요하는 식사이다. 세계의 많은 요리는 한 접시에 이미 모든 양념과 염도가 결정된 채로 담겨 나오지만, 한국인들은 매 숟가락을 입에 넣을 때마다 각자의 기호에 맞는 조합을 결정한다. 태생적으로 먹을 것에 창의력을 발휘하도록 훈련하는 셈이다.

음식도 일상의 수준을 뛰어넘으면 좀 더 본격적인 창의성의 세계가 펼쳐진다. 세계의 수많은 맛집들은 방송의 단골 소재이다. 한 끼에 수십만 원을 호가하는 고급 식당의 셰프들은 늘 기상천외한 조리법과 식재료를 선보이며 '요리의 창의성'을 실감하게 해준다. 하지만 라면 끓이는 순간마다 발휘되는 창의력과 식당 주방의 창의력에는 결정적인 차이가 있다. 식당의 주방은 누군가의 일터라는 사실이다. 집밥을 잘 만드는 것과 식당을 차리는 것은 전혀 다른 일이다.

셰프가 가장 창의적일 때는 새로운 메뉴를 개발할 때이다. 하지만 일단 메뉴가 정해지면 그때부터는 창의력이나 융통성을 발휘해선 안 된다. 매일, 하루에 몇 번 주문이 들어오든 정확히 똑같은 맛을 반복해서 재현해야 한다. 식당이니까. 한 번 먹은 메뉴에 감동을 받고 같은 메뉴를 다시 먹으러 온 손님에게 그 맛을 똑같이 제공하지 못하면 '그 식당 맛은 있는데 기복이 좀 있다'라는 평을 듣는다. 장사에서 예측 가능성을 잃는 것은 최악이다. 돈 쓰는 사람은 자신의 만족을 운에 맡기고 싶어 하지 않는다.

영화 〈아메리칸 셰프〉는 유명 레스토랑의 주방에서 똑같은 요리가 매일 얼마나 반복해서 만들어지는지 보여주며 시작한다. 수석 셰프인 주인공은 같은 요리를 반복하는데 이력이 나고, 기량을 발휘해 창의적인 신 메뉴를 개발하지만 사장의 반대에 부딪힌다. 하던 거나 계속하라는 거다. 지금의 레스토랑을 있게 한 것이 바로 그 메뉴이고, 손님들은 한결같은 그 메뉴를 먹기 위해 이곳을 찾는 거라고. 그러면서 날리는 사장의 일갈. "예술가 흉내 내봐야 손님들은 안 좋아해. 돈 주고 롤링스톤즈 공연 보는데 'Satisfaction' 안 부르면 기분이 어떻겠어?"

롤링스톤즈는 우리 세대가 아니니 좀 바꿔보자. 장범준 콘서트에 갔는데 '벚꽃엔딩'이나 '여수밤바다'를 못 들으면 좀 서운하지 않겠는가. 이소라 콘서트 갔으면 '바람이 분다'는 들어야지. 영화 속 사장의 입장이 확 이해된다. '양화대교'로 공전의 히트를 친 자이언티는 그 한 곡에 몰린 관심에 부담을 느꼈는지 후일 발표한 노래에 이런 가사를 넣는다. "전화 좀 그만했으면 좋겠어/특히 너네 양화대교 지나갈 때/그래 그래 그 노래 좋아해/근데 그 다리가 뭔 상관인데" 이 노래의 제목은 'Complex'이다.

많은 예술가들이 '대중이 좋아하는 것'과 '자기복제'의 괴리 사이에서 갈등한다. '맨날 똑같다'라는 혹평을 듣는 예술가가 있다면 그게 여전히 잘 팔리고 있다는 반증이기도 하다. 비슷한 색깔로 꾸준한 인기를 얻는 이들에겐 '○○○표'라는 브랜드가 생기기 시작한다. 브랜드란 예측 가능성의 표식이다. 사람들은 이 혼잡한 일상 속에서 약속된 즐거움을 주는 이름에 안식을 느낀다. 앉으나 서나 자기 작품만 고민하는 예술가는 지나간 성공에 안주하지 않는 모습을 보여주고 싶겠지만, 바쁘게 살다가 짬날 때 잠시 그의 작품을 즐기는 사람들은 아마 비슷한 작품이 또 나와도 그럭저럭 즐겁게 누릴 것이다. 때문에 '자기복제'의 수렁에서 벗어나고자 고군분투하는 예술가의 고통은 어떤 면에서 약간의 자의식 과잉이다. 당연한 일이다. 예술과 창작이란 원래 예술가 자신이 감당할 수 있는 그릇을 꽉 채우고도 흘러넘친 자의식이 형태를 입은 것이나 마찬가지니까.

그런 점에서 밴드 '부활'의 리더 김태원 씨가 한 말은 인상적이다. KBS 토크쇼 〈두드림〉에서 한 청중이 "부활의 노래가 계속해서 비슷하다는 평에 대해 어떻게 생각하느냐"라고 묻자, "다른 음악을 원하면 다른 뮤지션을 찾으라"라고 답한다. 다양한 음악을 하는 뮤지션이 이렇게 많은데 왜 내 CD

갖고 그러냐고. 자기복제의 덫을 산뜻하게 폴짝 뛰어넘는다. 어찌 보면 이쪽이 더 단단한 자의식일지도 모른다. 대중음악을 하는 사람으로서 오랜 세월 다져온 내공이 느껴진다.

계속 인기 있는 '아는 맛'이 되는 비결

PD가 가장 창의적일 때는 새 프로그램을 기획할 때이다. 셰프랑 비슷하다. 새 프로그램을 편성할 때는 시험 삼아 1, 2회 정도를 '파일럿'이란 이름으로 먼저 편성해보고 그 결과에 따라 정규 편성, 즉 '레귤러' 여부를 결정한다. 그러니까 파일럿은 일단 정규 편성을 얻어내는 것이 목표이다.

파일럿을 기획하는 시기의 PD는 내면의 모든 창의성을 끌어 모은다. 세상 모든 일에 관심을 가진다. 방송 만드느라 그동안 놓친 인기 드라마 정주행도 하고, 소설과 만화, 잡지를 쌓아놓고 읽기도 한다. 겉으로 보면 그냥 월급 받고 노는 사람 같다. 출근하거나 말거나 회사에선 아무도 관심이 없다. 약속한 기한까지 기획안만 제대로 들고 가면 된다. 하지만 출근이 없다는 것은 퇴근도 없다는 뜻. 아침에 눈 떠서 잠들 때까지 계속 일하는 중이나 마찬가지다. 아무리 재미있는 것을 봐도 즐겁지가 않다. 어떻게 써먹을까 하는 생각뿐이다.

그렇게 피 말리는 과정을 거쳐 아이템이 결정되면 PD는 그때부터 동원할 수 있는 모든 것을 쏟아 부어 파일럿을 만든다. '모든 것'에는 섭외력, 연출력 같은 업무 능력뿐 아니라 잠, 시간, 건강 같은 것들도 들어간다. 파일럿을 만들고 있는 PD들은 대개 하루하루 수척해져 간다. 한두 번의 방송으로 모든 평가를 받아야 하기 때문이다. 긴 호흡으로 평가를 받을 수 있는 기회는 허락되지 않는다. 100미터를 뛰는 육상 선수처럼 정규 편성을 향해 전력 질주를 한다. 매주 방송을 만드는 PD에겐 타협이 일상이라고 말했지만, 이 기간만큼은 마지막의 마지막까지 타협을 미뤄가며 치열하게 고민한다.

다행히 유의미한 성과를 거두었다면 레귤러의 영광을 누리게 된다. 이는 PD로서 인정받았다는 뜻이기도 하고, 미래를 알 수 없는 파일럿에 기꺼이 참여해준 스태프들이 당분간 안정적인 일자리를 얻었다는 뜻이기도 하다. 파일럿을 기획할 때 가장 창의적인 사람이었던 PD는 이제부터 모드를 바꿔야 한다. 일단 레귤러가 되면 그때부터 프로그램은 정해진 종료 시점 없이 매주 만들어진다. 그게 1년이 될지 10년이 될지는 아무도 모른다. 그러니 먼 항해를 헤쳐 나갈 안정적인 경영자가 되어야 한다. 식당을 찾는 손님들에게 매일 똑같은 레시피로 요리하는 셰프가 되어야 하고, 가는 곳마다 똑같은 히트곡을 무한 반복하는 가수가 되어야 한다. 파일럿 때는 신선해 보였던 아이디어도 매주 보는 레귤러가 되면 금방 익숙해진다. 정해진 틀 안에서 조금씩만 변화를 꾀하며 꾸준한 재미를 보여줘야 한다. 100미터를 전력 질주하던 속도로 마라톤을 뛸 수는 없으니 이제 페이스를 조절해야 한다.

그렇게 매주 비슷한 방송을 계속 쳐내다 보면 별안간 아득히 무료한 순간도 찾아온다. 모든 가능성의 세계를 헤매며 만들어낸 기획안이 한 시간짜리 편성 안에서 매주 반복되는 일상이 되었으니까. 어떤 PD는 그래서 그 단조로움을 벗어나려 대대적인 포맷의 변화를 시도하기도 한다. 그런 시도가 프로그램을 한 계단 올라서게 만드는 경우도 있지만, 반대로 '괜한 짓'이 될 수도 있다. PD야 앉으나 서나 자기 프로그램만 생각하니 이 반복이 크게 느껴지지만, 시청자들은 일주일에 한 시간 볼 오락거리가 필요할 뿐이다. 나머지 시간들은 삶의 다른 문제들로 바쁘다. 프로그램이 무엇을 얼마나 되풀이하고 있는지 느끼려면 PD보다 한참 더 많은 시간이 걸린다. 그래서 PD에겐 자기객관화가 필요하다. 이런 이유로 수명이 긴 레귤러 프로그램들은 1, 2년 주기로 담당 PD를 바꿔주기도 한다.

결국 레귤러 프로그램의 PD도 〈아메리칸 셰프〉의 주방장과 비슷한 입장인 셈이다. 사람들은 늘 같은 맛을 기대하며 식당 밥을 찾는다. 주방장 입장에서는 보여줄 매력이 얼마나 많은데 똑같은 요리만 반복하자니 답답하겠지만, 식당을 찾는 손님은 저번에 맛있었던 그 메뉴가 항상 그 자리에 있기를 바란다. 2007년에 시작한 〈라디오스타〉는 10년이 훌쩍 넘도록 세트 미술조차 큰 변화가 없지만 사람들은 개의치 않는다. 〈라디오스타〉를 틀 때는 〈라디오스타〉가 줄 것이라 기대하는 재미가 있다. 그동안 〈라디오스타〉를 만들어온 여러 PD들은 그 기대를 배반하지 않으려 노력하며 영리하게 아주 조금씩 변화를 도모해왔다. 〈복면가왕〉이 갈수록 가면을 쓰나 벗으나 누군지 모르겠는 이들의 노래를 들려줘도, 〈런닝맨〉이 매주 같은 출연자들의 비슷한 농담 따먹기를 보여줘도 사람들은 그냥 틀어놓고 즐겁게 그 습관을 누린다.

오해 방지. 예능에서 잘 빠진 농담 따먹기는 최고의 아웃풋 중 하나이다. 매일 새로운 것들이 쏟아져 나오는 세상에서는 익숙한 것이 주는 편안함도 필요하다. '아는 맛'만큼 당기는 것도 없다.

물론 레귤러라고 해서 정말로 같은 레시피만 기계적으로 반복하지는 않는다. 파일럿을 만들 때처럼 백지 상태에서 새로운 것을 생각해내는 창의성도 있고(흔히 '창의적이다'라고 하면 이런 걸 생각할 테지만), 레귤러처럼 정해진 포맷을 가지고 조금씩 변화를 주면서 정교하게 쌓아가는 방식의 창의성도 있다. 매주 비슷한 농담 따먹기를 한다고 표현한 〈런닝맨〉만 봐도, 초창기 포맷이자 제목의 이유이기도 했던 '이름표 뜯기'로부터는 까마득히 멀어졌다.

　같은 걸 고민하며 계속 반복하면 완성도가 높아진다. 예를 들어 나는 여행을 꽤 많이 다닌 편인데, 그래서 가본 곳 중에 어디가 제일 좋았느냐는 질문을 자주 듣는다. 그럼 항상 아이슬란드 이야기를 한다. 보통 이렇게 시작된다.

　"아이슬란드는 지구상에 존재하는 나라 중에 한국이랑 국토 크기가 가장 비슷한 나라예요. 네, 남한만요. 근데 여기 인구가 30만 조금 넘거든요? 서울 마포구 인구가 38만이니까 대한민국 전체에 마포구 사람들이 흩어져 살고 있는 거나 마찬가지잖아요. 그래서 사람이 정말 없는데 자연 경관은 경이로워서 외계 행성에 온 것 같은 기분이 들어요. 얼마나 사람이 없으면 아이슬란드 젊은이들이 쓰는 데이팅 앱 중에는 사귀기 전에 서로 근친인지 확인해주는 기능도 있대요."

흥미롭지 않은가. 오래 알고 지낸 어느 친구는 이 이야기를 조용히 듣더니 씨익 웃으면서 한마디 했다.

"구성이 아주 매끄러운 걸 보니까 이 얘기를 굉장히 여러 번 했다는 느낌이 확 오네."

정답. 누군가 대본도 없이 어떤 이야기를 하는데 군더더기 없이 매끄럽다면, 그건 그 사람이 그 얘기를 여러 자리에서 수차례 반복했다는 뜻이다. 이른바 레퍼토리.

같은 주제로 여러 번 인터뷰를 하다 보면 대답에도 레퍼토리가 생긴다. 신보를 낸 가수는 녹음하며 생긴 에피소드를 스물아홉 번쯤 얘기할 것이고, 새 영화가 개봉한 배우도 배역에 대해 자꾸 설명하다 보면 입으로 설명하면서 머릿속으로는 저녁 메뉴를 고민하는 게 가능해질 것이다. 게다가 뒤로 갈수록 대답이 정교해진다. 어느 순간부터는 추임새나 우스갯소리가 들어가는 타이밍도 정해지기 시작한다. 이것저 것 시도해보다가 반응이 제일 좋은 것을 추리게 되니까.

같은 이야기를 반복해서 할 일이 많다는 것은 그게 내가 가진 중요한 콘텐츠라는 뜻이다. 그 얘기 좀 그만하고 싶다고 생각하기보다는 할 때마다 조금씩 정교하게 완성도를 높여가는 것도 방법이다. 듣는 이의 반응을 유심히 관찰하면서 완급을 조절하고 구성을 바꿔보기도 한다. 자동응답기처럼 달달 외는 것이 아니라 매번 달라지는 청자와 맥락에 맞춰 변주를 준다. 포맷이 정해진 레귤러 프로그램을 만드는 PD는 이걸 아주 거대한 스케일로 하고 있는 것 아닐까. 회가 늘어갈수록 낡고 있다는 느낌을 주는 레귤러와 반대로 갈수록 더 재미있다고 느껴지는 레귤러의 차이는 레퍼토리를 대하는 화자의 태도에서 나올 것이다.

레귤러. 규칙적인, 정기적인, 잦은, 단골의. 일상의 미디어인 TV는 오랜 세월 바로 그 레귤러를 만들어왔다. 이제 그 세월이 끝나간다. 사람들의 삶이 더 이상 레귤러하지 않기 때문이다. TV 편성 전략의 목표가 보는 이들의 시청 습관 형성이었던 시절에는 TV 프로그램만큼이나 사람들의 일상도 예측 가능했다. 오전에 집에서 TV를 보는 사람과 늦은 저녁 집에 돌아와 TV를 보는 사람도 어느 정도 정해져 있었다. 나이와 성별이 비슷하면 삶의 모양도, 관심사도 비슷했다.

하지만 세상은 복잡해졌다. 더 이상 레귤러는 프로그램의 기본이 아니다. PD들은 더 자주 신 메뉴를 개발해야 한다. 창의력을 끌어올려야 하는 시간이 늘어간다. 100미터면 끝날 줄 알았던 전력 질주의 골인 지점이 자꾸 멀어진다.

솔직히 일하는 재미는 이쪽이 더 있다. 반복되는 레귤러를 제작하며 안온한 지루함을 느낄 일은 줄어갈 테니까. 매번 새로운 것을 생각하고, 창의적인 상태에 머물러야 한다는 스트레스는 그 자체로 활력이기도 하다. 무엇보다 몇 년씩 이어지는 레귤러 프로그램들이 점점 줄어든다는 이야기는 그 자리를 자꾸 새로운 프로그램들이 채워야 한다는 뜻이고, 그만큼 자기 프로그램을 하고 싶은 젊은 PD들에게 더 자주 기회가 돌아올 것이다.

하지만 가끔은, 정말 괜찮을까 싶은 생각도 든다. '틀면 늘 그 자리에' 있던 프로그램들이 사라져간다는 것은 결국 그걸 보는 사람들의 삶이 그렇게 변했다는 이야기다. 레귤러한 것들이 주는 예측 가능한 익숙함, 안온한 지루함 같은 느리고 미지근한 덩어리들이 삶에서 자꾸만 닳아 없어지고 있다. 하루가 다르게 새로움을 선언하는 것들이 나타나니 이제는 새로움 자체가 새롭지 않다. 익숙한 것들을 디디고 있어야 새로움도 느끼는데, 디딜 곳이 점점 없어진다.

모두가 100미터 경주처럼 뛰어야 할 것 같은 속도감을 느낀다. 전력 질주의 쾌감도 분명히 있다. 하지만 나는 도저히 그렇게 뛸 수 없는 순간에도 여전히 나를 뺀 모두가 그렇게 뛰고 있다고 느껴지면 아찔하다. 재미있는 것은 모두 그렇게 느낀다는 사실이다. 나를 뺀 모두가 뛰고 있다고. 심지어 인생은 마라톤보다도 길다. 42.195킬로미터는 끝나는 지점이라도 안다. 오히려 한 번 시작하면 언제 끝날지 만드는 사람도 모르는 레귤러 프로그램이 삶과 조금 더 닮았다. 이런 시기에는 편안한 레귤러 예능들이 세상의 안정감을 맡아줘야 하는 게 아닐까 하는 생각도 든다. 새롭고 창의적인 것만 항상 반가운 것은 아니니까. 조금 낡고 지루해도 항상 그 자리에서 안정감을 주는 것들이 우리 삶에 계속 남아 있기를.

PD 일을 하다 보면 정말 다양한 사람을 만난다. 함께 일하는 작가, 영상, 조명, 음향업계 종사자들이나 희극인, 배우, 음악인 같은 연예인만으로도 이미 다양하다. 사적으로 만나는 다른 PD들, 혹은 기자나 아나운서처럼 동종업계 직종도 꽤 다채로우며, 방송계 말고 여러 분야의 전문가를 만날 일도 많다. 예능은 끊임없이 다양한 분야의 사람들이 출연하니까.

단순히 만나는 일을 넘어서 공부도 많이 해야 한다. 배우를 섭외하려면 출연한 영화들을 챙겨 봐야 한다. 작가를 섭외하려면 대표작을 읽어두는 것은 기본이다. 나는 스포츠를 정말 모르지만 스포츠 선수를 섭외해야 할 땐 일단 규칙이나 성적부터 알아보기 시작한다. 학업을 끝내고 직업인이 되면 뭔가를 새롭게 공부하는 일 없이 십수 년 학창 시절 동안 쌓아온 인풋을 쥐어짜내며 살아가야 하는 것이 보통이지만, PD는 생각도 못했던 것들까지 공부해야 하는 일이 왕왕 생긴다. 덕분에 세상이 꾸준히 넓어지는 기분이 든다. 계속 공부해야 하는 직업이란 건 좋은 일이다.

그런데 그런 기분과 모순되는 일이 자꾸 생긴다. 새로운 사람을 만난다고 만났는데 공통의 지인이 자꾸 나온다. "그 PD님 아시죠?", "아, 그분이랑 아는 사이시구나! 저 같이 일한 적 있어요!" 그럴 수 있다. 이 바닥이 어느 정도는 거기서 거기일 테니까. 그런데 전혀 상관없는 분야라고 생각한 사람과도 비슷한 일이 반복된다. 학교가 겹치거나, 지인의 지인이거나, 하다못해 소셜미디어로 지켜봤거나.

이런 경험이 많아질수록 누군가는 이렇게 말한다. "와, 진짜 세상 좁네요." 나도 그렇게 생각했던 것 같은데, 실제로 누군가 목소리를 내서 이렇게 말하는 것을 듣는 순간 깨달았다. 아, 세상이 좁은 게 아니라 내가 어떤 좁은 세상의 안쪽 깊숙이 들어왔구나. 그래서 아무리 활개치고 다녀도 이 안에서 맴돌고 있을 뿐이구나.

예상을 벗어난 마주침도 필요하다

해외에서 유통되고 있는 예능 포맷 중에 〈더 버블The Bubble〉이란 쇼가 있다. 영국 BBC를 포함해 크로아티아, 스웨덴 등 8개국에서 방송되었다. 비눗방울이나 거품을 활용한 쇼인가 싶지만 퀴즈쇼다. 대강 이런 식이다. 유명인 몇 명이 인터넷도, 스마트폰도, TV도 없는 고성에 갇혀 외부 소식과 완전히 단절된 채 일주일을 보낸다. 왠지 KBS에서 했던 〈인간의 조건〉도 생각난다. 한국 예능이라면 이 고립 생활을 편집해서 보여줄 것 같지만 이 동네는 우리랑 코드가 다르다. 일주일이 지나고 참가자들이 스튜디오에 나와 그 일주일 동안 벌어졌던 시사와 뉴스들로 이루어진 퀴즈를 푸는 것이 메인이다. 이래서 유럽 예능은 한국 시장이랑 안 맞는다 싶은 대목이긴 한데, 어쨌든 절묘한 포맷이다. 시사를 다루면서도 시청자 입장에서는 너무 당연한 이야기들을 출연자들은 전혀 모르니 엉뚱한 대답이 나오는 예능적 재미가 있다. 나름의 추론을 거쳐 가장 합리적인 답을 내놓는 것일 텐데 그게 오답이라면 현실이란 얼마나 개연성 없는 실체인지 새삼스럽게 느끼게 된다.

다 알겠는데, 제목이 왜 '버블'이냐. 'bubble'이란 단어에는 우리가 흔히 아는 방울, 거품이란 뜻과 함께 '비슷한 사람들끼리만 모여 고립된 상황 또는 그룹'이란 뜻도 있다. 의도했든 아니든 자기들끼리만 서로 알고 소통하고, 비슷한 의견과 경험 속에 갇혀 있는 모습을 말하는 것이다. 말하자면 저 출연자들도 일주일 동안 '버블'에 갇혀 있는 셈이다.

'세상 참 좁다'라고 느껴지기 시작한다면 그 좁은 세상이 실은 '버블'이 아닌지 의심할 필요가 있다. 곰곰이 생각해보니 다양한 사람을 만나고 있다고 생각했는데, 그 와중에 낯설고 당황스러운 사람은 별로 없다. 어느 정도 비슷한 모양의 사람들이란 얘기다. 서울에서 일하는 PD인 나의 일상적인 삶은 지역적으로는 서울에 거주하며, 직업적으로는 지식-서비스 산업에 종사하는 사람들로 둘러싸여 있다. 대화할 때 군이 언급하지 않아도 이미 서로 공유하고 있는 전제가 점점 늘어간다. 그럼 당연히 대화가 편하다. 밑그림을 함께 그리기 위한 작업은 건너뛰어도 되니까. 하지만 그 편안함에 익숙해지기 시작하면 조금씩 '버블' 바깥에서는 무용한 인간이 되어갈지도 모른다. 세상이 이렇게 큰데 군이 좁은 세상 속에 나를 꾹꾹 눌러 담을 필요는 없다. 학창 시절에는 모양도 성격도 제각각인 아이들이 40명씩 한 교실 안에서 부대끼며 지냈다. 그래서 생겨나는 갈등과 부작용도 물론 많았지만, 비슷한 아이들끼리만 모여 있는 속에서 10대를 보냈다면 나는 훨씬 흐물거리는 어른이 되었을 거다. 이제 누가 교실에 넣어주지도 않는 어른이 된 내가 흐물대지 않으려면 부단히 애를 쓰며 울타리 바깥으로 돌아다녀야 한다.

그건 분명 귀찮은 일이다. 안 그래도 스트레스로 가득한 일상, 굳이 불편한 인연을 사서 만들어야 할까 싶기도 하다. 하지만 삶에는 예상을 벗어나는 마주침이 필요하다. 내가 혼자 하는 여행을 좋아했던 이유는 낯선 사람을 마주치는 것에 있었다. 적지 않은 이들이 여행지에서는 그 이국적인 기분을 깨고 싶지 않아 한국인을 피해 다니기도 한다. 공감한다. 하지만 나는 여행지에서 만나는 한국인도 좋았다. 현지 사람과 이야기를 나누는 것도 즐거운 경험이지만 대부분 그 순간이 지나가면 다시 만날 일은 없다. 관계로 이어지지 않는다. 그런데 여행지에서는 한국 사람을 만나더라도 한국의 내 일상, 그 울타리 안에 얌전히 머무를 땐 마주칠 일이 없었을 이들이다. 그렇게 만난 이들 중 몇몇은 한국에 돌아와서 꾸준히 연락하고 지낸다. 그리고 내가 모르는 세상에 대해 알려준다.

대학 캠퍼스에 걸려 있는 수많은 대자보는 그런 것이었다. 정문을 통과해 강의실까지 물리적으로 이동하는 동안 눈에 띌 수밖에 없는 수많은 목소리들. 이런 일이 벌어지고 있구나 맞닥뜨리는 마주침. 모든 정보를 디지털로 접할 때는 볼 수 없는, 알고리즘이 띄워주는 내 소셜미디어 화면에는 존재조차 하지 않는 장면들. 그 목소리들에 동의하든 아니든 그것을 아는 세상과 모르는 세상은 다르다. 하다못해 종이신문을 보더라도 첫 장부터 마지막 장까지 손으로 넘기는 동안 물리적으로 흐르는 시선에 부딪히는 이야기들이 있다. 화상 채팅과 소셜미디어로 만날 수 있는 사람들은 내가 아는 사람들, 나와 생각이 비슷한 사람들뿐이다. 마주침이 없는 세상에서 우리는 점점 더 섞이지 못한 채 침전하고 부유한다. 점점 더 각자의 세상에 산다. 각자 더 정의롭고 각자 더 옳다. 물리적 공간이 주는 마주침이 세상을 섞는다.

만드는 사람 본인을 위해서도

모두가 그렇게 살 필요는 없다. 내 일상의 범주 안에서 내 앞가림 잘하고 내 사람만 잘 챙기면서 살아도 건실한 삶이다. 책임의 영역 바깥에서는 적당히 비슷하고 편한 사람들과 어울리며 안온하고 작은 세상 안에 머무른다 한들 누가 뭐라 하겠는가. 대부분의 생활인들에게 그건 당연한 일이다.

하지만 직업적 선택의 결과가 훨씬 더 큰 집단을 만나는 일이라면 이야기가 조금 다르지 않을까? 공공을 위해 제도나 사업을 꾸려야 하는 이들, 큰 시장에서 소비되는 제품과 서비스를 만드는 이들, 그리고 수많은 대중이 보는 미디어에 이야기와 소식을 담아서 전하는 이들. 이런 사람들이 자신을 둘러싼 좁은 세상 안에 편안히 머물면서 그곳에 기준을 두는 게 습관이 된다면 걱정할 필요가 있다. 그 결과물의 영향력이 얼마나 건강할 것인가의 문제도 있겠지만, 그렇게 좁은 기준 안에 머무른다면 아마 영향력 자체를 조금씩 잃게 될 가능성이 크다. 윤리 이전에 상품성의 문제가 된다.

상업영화 감독이 처음 자기 작품으로 데뷔할 때는 공포나 스릴러 장르로 시작하는 것이 일종의 공식이던 시기가 있었다. 공포는 가장 원초적인 감정이기 때문이다. 100명이 앉아서 무서운 영화를 보면 어지간하면 다들 비슷한 장면에서 긴장하고 놀란다. 그러니 감독이 연출이라는 도구를 통해 관객에게서 원하는 반응을 얼마나 잘 얻어내는지도 비교적 분명하게 보인다. 신인 감독이 자기 실력을 보여주기 좋은 장르다.

반면 슬픔이나 감동은 사람마다 조금씩 반응이 갈리고, 웃음에 이르면 가장 복잡해진다. 웃으라고 만든 장면인데 도리어 싸늘할 때도 있는가 하면 만든 사람은 생각지도 못한 장면에서 관객들이 배를 잡고 구르기도 한다. 두 상황이 동시에 벌어질 때도 있다. 한쪽에선 빵빵 터지고 다른 쪽에선 쥐어 터지고. 그러니 사람들을 즐겁게 해주려는 예능 PD는 자기 감각만 믿을 수 없다. 회사에서도 편집본이 나올 때마다 여러 차례 시사를 거치며 복수의 사람들에게서 반응을 모은다. 웃으라고 신경 써서 만든 장면이 다가올수록 신경이 곤두선다. 정확한 타이밍에 웃음소리가 들리면 안도의 한숨을 내쉬지만, 실소도 없이 지나가면 갑자기 공기가 무거워진다. 아무도 나한테 직접 뭐라고는 안 했지만 빨리 편집실로 도망쳐 뭐라도 고치고 싶어진다. 이런 일을 해야 하는 예능 PD가 비슷한 사람들에게 둘러싸여 "세상 참 좁네" 감탄하고 있다면 그거야말로 큰일일지도 모른다.

세상은 좁지 않다. 내가 모르는 세상은 항상 있다. 삶이 너무 고달프기만 한 것도 문제겠지만, 반대로 너무 익숙하고 편안한 것들만 자꾸 보인다면 한 번쯤 '응?' 하고 고개를 들어볼 필요가 있다. 고달픈 곳에 머물 때 그 바깥으로는 눈길이 쉬이 가지만, 편안한 곳에서는 내가 편안하다는 사실조차 잊어버리기 쉽다. 많은 사람들에게 이야기를 전하는 직업을 가지고 있다면 더욱 그래야 한다고 생각한다. 내 이야기를 보는 사람들 중에는 내 좁은 울타리 바깥에 있는 사람이 훨씬 더 많을 테니까.

✦ 기름진 피의 겸손

내 피에 대해 처음 알게 된 것은 MBC 합격자 신체검사 때였다. 천신만고 끝에 엄청난 경쟁률을 뚫고 최종 합격을 했더니 입사 전 신체검사가 남아 있었다. 최종 합격 통보까지 받았는데 신체검사쯤이야 그냥 형식적인 거라고 생각했다. 합격의 단꿈에 젖은 채 가벼운 마음으로 검사를 받았는데, 불합격 통보를 받았다. 정확히는 재검사 통보였다. 혈중 콜레스테롤 수치가 기준치를 까마득히 상회하는 결과가 나온 것이다. 키와 몸무게는 지극히 표준 범위인데다 또래 남자들에 비하면 오히려 말라 보이는 편인데도 초고도비만인 사람보다 콜레스테롤이 높다고 했다. 몰랐다. 내 피가 그랬구나. 여태껏 받아본 신체검사란 학교에서 키, 몸무게, 시력 등을 측정할 뿐이었으니 콜레스테롤 수치 같은 건 들어본 적이 없었다.

일단은 재검사 일정이 나왔고, 다음 검사 때까지는 거의 굶다시피 했다. 콜레스테롤 수치를 낮춰주는 약을 처방받아

먹으면서 매일 지칠 때까지 달리기도 했다. 입에서 단내가 날 때까지 매일 뛰다 보니 억울한 생각이 들었다. 아니, 그 기적 같은 확률을 뚫고 최종 합격을 했는데 고작 내가 마음대로 할 수도 없는 피 때문에 입사를 못 한다고? 이거 차별 아니야? 당장 업무 수행이 불가한 신체적 문제도 아니고, 그냥 향후 질병이 발생할 확률이 높다 뿐인 거잖아? 나 군 입대 신체검사는 1등급이었는데? 군 복무는 할 수 있어도 PD는 못 한단 말이야? 부아가 치미는 생각이 꼬리에 꼬리를 물었다.

나중에야 알게 된 사실이지만 콜레스테롤은 그렇게 한두 주 굶고 달리기 좀 한다고 쉬이 떨어지는 게 아니었다. 재검 사에서도 수치는 크게 달라지지 않았고, 사전에도 없는 말인 삼검三檢 통보를 받았을 때는 정말 울고 싶었다. 재검과 삼검 사이에는 정말 시체처럼 지냈던 것 같다. 아마 세 번째 검사 에서도 크게 달랐을 것 같진 않은데, 검사 이후 이렇다 저렇 다 특별한 이야기 없이 입사 처리가 진행되기에 그냥 잠자코 있었다. 끝내 수치가 얼마였는지는 듣지 못했다.

그 숫자를 다시 만난 건 입사하고 몇 년이 지난 뒤 받게 된 정기 건강검진 때였다. 수치는 여전히 까마득히 높았고, 이 번엔 고지혈증이라는 진단명까지 받아들었다. 나이가 더 들 었기 때문일까? 고지혈증이라니. 비만이나 술이 주 원인으로 지적되는 병 아닌가. 허리 30인치 바지도 넉넉하게 입는 입장에서 쉽게 떠올릴 수 있는 병은 아니었다. "식단을 좀 관리해야 할까요?" 하고 묻는 내 말에 의사도 원인이 그게 아니라고 확인해주듯이 "아뇨, 그냥 약을 드세요"라고 대답했다. 생활 습관의 문제가 아니라는 뜻이었다. 선천적인 문제였다.

하지만 그 뒤로 체중은 가능한 70킬로그램을 넘기지 않도록 관리하고 있다. 선천적 요인을 가진 과체중보다는 선천적 요인을 가진 정상체중이 더 안전하겠지. 운동도 시작하고 소식에 습관을 들였다. 고지혈증이나 혈전 같은 심혈관질환은 전조 증상도 없이 한방에 목숨을 앗아간다던데. 방심하지 말고 몸을 관리해야 한다는 뜻이다.

많은 젊음이 그렇듯 나 역시 건강을 과신하는 사람이었다. 20대 내내 많이 자봐야 네댓 시간씩 잤고, 하룻밤을 넘어 이틀씩 연달아 밤을 새기도 일쑤였다. 그만큼 할 일이 많았고, 몸이 버텨주니까 포기하지 않고 다 했다. 꽤 튼튼한 몸이었다. 크게 다친 적도 아픈 일도 없었다. 작은 수술 하나 한 적도 붕대를 감은 적도 없었다. 마음이 동하는 일을 만나면 며칠씩 기운이 나기도 했다. 한도가 없는 카드처럼 펑펑 썼다. 하루는 늘 24시간을 기준으로 계획이 이루어졌다. 자는 시간 같은 건 고려되지 않았다. 잠은 하다하다 도저히 버틸 수 없을 때 자는 거였고, 밥은 배가 고파 손이 떨릴 때쯤 먹는 거였다. 아마 고지혈증 진단을 받지 않았다면 지금껏 계속 그렇게 살았을 것 같다. 한도가 없는 카드도 나중엔 정산을 해야 한다는 사실을 모르는 것처럼. 그랬다면 정말 큰 값을 치르지 않았을까.

PD들에게 극심한 피로는 익숙하다. 몸도 쓰고 머리도 쓰며 쉴 수 없는 날들이 계속 몰아치니 수시로 밤을 새는 것도 당연한 삶의 일부다. 진짜 죽겠다 싶을 때쯤 건강검진 해야 할 시기가 돌아오는데, 다들 내심 기대 반 걱정 반을 품는다. 아, 딱 생명에는 지장 없는데 당장 휴직하고 푹 쉬어야 되는 수준의 뭔가가 나와주면 좋겠다. 그러고는 매번, 사람 몸은 생각보다 튼튼하다는 사실을 깨닫고 온다. 아니, 나는 죽겠는데 뭐 딱히 나온 건 없어. 술 좀 줄이래. 스트레스 받지 말고. 의사가 스트레스 주네.

사실 이런 극심한 피로가 당장 치명적인 중병으로 직결되는 일은 별로 없다. 하지만 몸이 보내는 신호에 둔감해지는 것이 문제다. 편두통, 근육통은 없는 게 더 이상하고, 몸은 늘 무겁고, 변비가 됐든 소화불량이 됐든 속 멀쩡한 날이 드물다. 온갖 불편함이 당연하다 보니 정말 문제가 생겼을 때도 빨리 눈치 채지 못한다. 멀쩡한 몸이었다면 어라, 요즘 왜 이렇게 머리가 아프지, 하며 갸웃했을 두통도 늘 두통을 달고 사는 사람에겐 새삼스럽지 않다. 그조차 뛰어넘는 신호가 오기 시작했을 때는 문제가 심각한 경우가 많다.

그러니 적당한 지병이 생겼다는 것은 성가신 친구를 하나 모시고 사는 것과 비슷한 일이 된다. 문제없이 튼튼한 몸이라면 기고만장했을 젊음에게, 꾸준히 보살펴야 하는 작은 짐이 하나 생긴 만큼 적당한 선을 잘 지키며 살아가라는 충고인 셈이다. 덕분에 나도 건강을 과신하던 때보다 고지혈증 환자로서 훨씬 더 건강한 생활을 한다. 적게 먹고, 기왕이면 좋은 것을 먹고, 꾸준히 운동을 하고, 밤을 새야만 감당할 수 있는 일을 덜 만든다. 카드의 한도가 보이고, 덕분에 정산 날짜를 기억할 수 있다. 지금 쓰고 있는 것들, 곧 출금될 거다. 잔고를 잘 챙겨야 한다. 이런 병을 비교적 일찍 만나서 오히려 다행이다. PD에게 필요한 스펙이다. 자자, 다들 챙겨가세요. 죽지 않을 정도의 소소한 지병. 그게 싫으면 자기 몸 앞에 겸손한 마음.

주변에 채식하는 사람이 늘고 있다. 동물성 식품은 아무것도 먹지 않는 '비건'을 실천하는 사람도 있지만, 해산물 정도까지는 먹는 '페스코'는 더 자주 만난다. 최근에는 이런 이들과 식사를 할 때 고를 수 있는 메뉴의 폭도 넓어졌다. 채식에 대한 사회적 관심은 분명 유의미하게 커지는 중이다.

이런 흐름 속에서 채식주의의 가치에는 동의하지만 여러 가지 이유로 실천이 어려운 사람들은 타협적인 채식을 하기도 한다. 주말에는 고기를 먹지 않는다든지, 하루 중 한 끼만 고기를 먹는다든지 하는 식이다. 이런 기준이라면 나는 상당히 높은 수준의 채식을 실천하는 중이다. 거의 매일 점심을 두유에 시리얼, 방울토마토만 먹기 때문이다. 새벽에 퇴근하면 다음 날 점심 즈음 일과를 시작하는 PD의 생활방식 덕분

●   이 글은 지식콘텐츠 플랫폼 '폴인fol:in'에 기고했던 글입니다.

에 하루에 점심, 저녁 두 끼 밖에 먹지 않으니 이 정도면 하프-비건이라고 불러도 될 정도다. 하지만 그렇게 부르긴 좀 민망한 것이, 물론 채식을 하는 이들의 가치 추구에는 십분 지지를 보내나, 내 시리얼과 방울토마토는 그런 단단한 의지의 결과물은 아니기 때문이다. 그냥 귀찮아서다.

고기, 아니, 고기가 아니어도 따뜻한 음식을 차려먹는 것은 귀찮은 일이다. 불을 쓴다는 건 기름을 쓴다는 뜻이고, 필연적으로 설거지도 조금 더 번거로워진다. 하다못해 전자레인지를 돌리는 것도 귀찮다. 전자레인지 음식은 처리해야 할 쓰레기도 반드시 나온다. 시리얼에 두유를 부어 먹는 것만큼 간단한 식사는 없다. 방울토마토도 같은 맥락이다. 씻은 뒤 꼭지만 떼서 먹으면 된다. 식사 대용으로 자주 소환되는 바나나보다도 깔끔하다. 비슷한 맥락에서 오이도 좋아하는 메뉴다. 간편함이 목적이고 건강은 보너스다.

누군가와 함께하는 식사라면 맛과 즐거움도 중요하다. 하지만 혼자 끼니를 해결하기 위한, 매일 찾아오는 식사에까지 고민과 정성을 들이기엔 내 삶은 이미 충분히 바쁘다. 일과 삶의 경계가 불분명한 직업이라, '뭘 만들어야 재미있을까'를 항상 고민하는 머릿속엔 퇴근이 없다. 버스 차창 밖을 보면서도, 베개 베고 불 끄고 누워서도 저 생각이 떠나지 않는다. 좀 더 중요한 일로 이미 머릿속이 혼탁하다면 삶의 다른 영역들은 있는 힘껏 단순해져도 좋다. 다행히 몇 년째 먹고 있는 똑같은 브랜드의 두유와 시리얼, 그리고 방울토마토는 여전히 맛있다. 별 생각 없이 먹으니 먹을 때마다 새록새록 다시 새롭다.

중요한 문제에 마음껏 복잡해지기 위해 부수적인 것들을 단순하게 만드는 삶의 기술은 이미 잘 알려진 것이다. 매일 아침 옷을 고르는 에너지를 낭비하지 않기 위해 똑같은 옷을 여러 벌 사서 매일 그것만 입는다는 스티브 잡스나 마크 주커버그의 이야기는 유명하다. 빌 게이츠를 다룬 다큐멘터리에서 그에게 가장 좋아하는 음식이 뭐냐 묻자 별 고민 없이 햄버거라고, 좋아하는 동물은 개라고 말하는 장면에서는 무심함마저 느껴진다. 햄버거를 좋아하고 개를 사랑하는 미국인. 이렇게 재미없을 수가.

우리 같은 범부들은 '가장 좋아하는 음식'처럼 별것 아닌 질문조차 진정성 있으면서도 뭔가 눈에 띄는 대답을 하기 위해 전전긍긍하지 않나. 게다가 어떻게 좋아하는 음식을 한 가지만 말한단 말인가. 떡볶이라고 대답하자니 치킨이 서운할 것 같다. 음식이 이토록 다채로운데. 한 가지 음식을 꼽는 순간 내가 그 대답 안으로 규정될 것 같은 두려움이 살금살금 올라온다. 하지만 빌 게이츠에게 그런 질문은 전혀 중요하지 않은 것이다. 그 질문에 대답을 고민하는 사람들이 존재한다는 사실조차 낯설지도 모른다.

내 단출한 식생활을 말하면서 마크 주커버그와 빌 게이츠까지 들먹이자니 조금 민망하지만, 그들이 그런 것처럼 삶의 어떤 부분에 신경을 꺼버리니 머릿속 서버의 메모리를 확보한 것 같은 효과는 확실히 있다.

비유가 아니라 실제 컴퓨터의 용량을 확보할 때도 원리는 비슷하다. 어느새 사라져버린 단어인 '디스크 조각 모음'은 어지럽게 흩어져 있는 파일의 리소스를 단출한 형태로 모아 연산 속도를 개선하는 작업이었고, 모바일 시대에 조각 모음을 대체한 '스마트폰 성능 최적화' 버튼은 켜놓고 제대로 종료하지 않아 백그라운드에서 돌아가고 있는 애플리케이션들을 손수 꺼서 메모리를 확보해주는 기능이다. 불필요한 신경을 끄고 생각의 자리를 확보하는 것이다.

기댈수있는몇가지

필라테스를 4년째 하고 있다. 불규칙한 PD 생활에 고무줄처럼 들쭉날쭉하던 몸무게는 이제 꽤 폭식을 해도 이틀 뒤면 정해진 숫자로 돌아온다. 하체 비만이라고 친구들이 놀리던 엉덩이와 다리도 바지 맵시가 제법 산다. 뱃살이 없어졌고 원래 그런 부위였던 것처럼 항상 뭉쳐 있던 어깨는 말랑말랑, 뻐근한 날이 좀처럼 없다. 몸이 가볍다. 스스로 달라진 몸을 느끼며 감탄하는 순간이 늘었다.

필라테스라는 운동을 찬양할 생각은 없다. 내가 선택한 운동이 우연히 필라테스였을 뿐 무슨 운동이든 꾸준히 하면 몸은 달라진다. 그러니까 이건 필라테스가 아니라 꾸준함의 결과이다. 꾸준함에는 생각이 필요 없다. 생각 없이 방울토마토를 먹는 것처럼 생각 없이 운동했다. 편집실에서 밥 먹듯 밤을 새고, 규칙적인 식사를 못 하는 생활에서 '운동을 해야겠다'라는 결론을 얻었고, 그 운동을 필라테스로 선택한 다음부터는 이 문제에 대해 생각하기를 멈췄다. '정해진 시간에 필라테스를 한다' 외에 다른 생각은 필요 없었다. 이게 정말 효과가 있는지, 나에게 더 잘 맞는 다른 운동이 있지는 않을지, 남자들은 잘 안 하는 운동이라는데 이상하게 보이지는 않을지, 이 정도면 할 만큼 한 것 같은데 어디가 얼마나 달라졌는지 같은 생각은 하지 않았다는 말이다.

그냥, 했다. 전날 일이 늦어져 밤을 꼬박 샜어도 그대로 옷을 갈아입고 일단 정해진 시간에 운동을 했다. 몸이 천근같이 느껴져 일어나는 게 죽기보다 싫을 때도 에이씨, 한 번 내

뻘고 운동을 했다. 이 문제에 대해서는 더 이상 생각하지 않기로 결정했기 때문에 고민하거나 의문을 품을 일 없이 그냥, 하는 거였다.

사실 4년째 하면서 스스로 나아지고 있다고 체감한 적은 거의 없다. 시작할 때야 당연히 우스꽝스러웠지만 지금도 여전히 뻣뻣하다. 고무적인 변화가 일어난 순간은 없었다. 이토록 점진적인 변화 속에 있을 때 스스로 의문을 갖기 시작하면 계속 이어나가기가 쉽지 않다. 하지만 4년 전과 지금을 비교하면 확실히 다르다. 거울 속에 보이는 태가 달라졌고, 일하면서 추스르는 몸이 달라졌으며, 4년 전에는 할 수 없었던 많은 동작들을 지금은 어렵지 않게 해낸다.

꾸준히 하면 는다. 재능이 있든 없든, 변화가 느껴지든 아니든, 그냥 때 되면 하고 하기 싫을 때도 하고 성취감이 없어도 그냥 하면 언젠가는 반드시 훌쩍 나아가 있는 것이다. 다시 한 번, 꾸준함에는 생각이 필요 없다.

대중 콘텐츠를 만드는 일은 복잡한 일이다. 대중은 복잡하다. 하나로 규정할 수 없다. '대중'이라는 단어로 부르고 있긴 하지만 실체는 없다. 구체적인 집단을 만족시키는 무언가를 만드는 일은 비교적 수월하다. 하다못해 소비자가 직접 선택하고 구매하는 책이나 영화 정도만 되어도 좀 더 긴 호흡의 고민을 할 수 있다. 하지만 불특정 다수의 눈길을 끌어야 하는 방송 콘텐츠를 만들 때는 몰아치는 수많은 주제들을 고려해야 한다. 거기엔 재미도, 의미도, 시의성도, 최소한의 공정함과 예민함도 필요하다. 하지만 유행도, 예민함의 기준도 수시로 바뀐다. 재미에는 정답도 없다. 정말 잘 만들었다고 생각한 작품이 소리 소문 없이 묻히는 경우도 허다하고, 특별할 것 없는 평작이 전혀 예상치 못한 맥락으로 대박이 나기도 한다. 이 모든 것이 항상 제작비와 수익성의 저울 위에 놓여 있는 것은 물론이다.

변수로 가득 찬 세계. 그 어떤 것도 상수가 아닌 세계다. 대중 콘텐츠의 제작만 그러하겠는가. 각자의 자리에서 고군분투하는 수많은 직업인들의 세계란 다들 비슷할 것이다. 하지만 변수로만 이루어진 수학 문제에는 답이 없다. 인생에 정답은 없다지만, 물음표로만 채워진 삶은 너무 막막하지 않나. 그게 꼭 정답은 아닐지언정 그래도 기댈 수 있는 답안 몇 가지는 있어야 숨통이 트인다. 변수로 가득 찬 세계를 계속 헤쳐 나가려면 발 디딜 수 있는 단순한 상수 몇 개 정도는 쟁여두자. 고민 없이 먹는 방울토마토, 생각 없이 꾸준할 뿐인 필라테스 같은 것들. 인생에는 상수가 필요하다. 우리 모두.

3장

"왜 만나서 카톡을 해요?"

〈톡이나 할까?〉는 MBC에서 카카오TV로 이직한 뒤 처음 만든 예능이다. 2020년 9월에 첫 방송을 시작해 2021년 11월까지 방송했다. 작사가 김이나 씨가 단독 MC인 토크쇼로 매주 한 명의 게스트, 아주 가끔은 그 이상의 손님들과 마주앉아 말없이 스마트폰을 들고 카카오톡으로만 인터뷰를 진행한다.

솔직히 스마트폰과 카톡 대화가 일상에 자리 잡은 것은 굳이 다시 짚어 말하는 것조차 새삼스러운 일이고, 채팅으로 대화를 나누는 콘텐츠도 다수 있었기 때문에 그렇게 새로운 형식은 아니라고 생각했다. 그래서 방송이 나가고 만난 몇몇 반응은 의외였다. 그냥 적당히 '신선하다'고 칭찬해주는 말은 나도 그러려니 하고 넘어가겠는데, "처음 보고 이건 좀 무리수 같다고 생각했다······ 지독한 콘셉트 아니냐"라고 표현한 기자가 있는가 하면(물론 칭찬을 위한 포석이었다), '진짜

로 만나서 카톡을 하는 거냐', '도대체 왜 그러는 거냐' 등등 진심으로 놀라워하는 댓글들이 심심찮게 이어졌다. 심지어는 '사람 앞에 앉혀놓고 뭐하는 짓이냐', '안 그래도 사람 사이가 점점 더 소원해져가는 시대에 충격이다'처럼 화가 많이 나신 분들도 프로그램 끝날 때까지 1년 넘게 꾸준히 보였다. 매일 하는 카톡을 그냥 마주앉아서 한 것뿐인데 이런 반응이라니. 나야말로 충격이다.

사람들이 '새롭다'라고 느끼는 지점은 생각보다 아주 사소한 부분에서 비롯되기도 한다. 무언가가 새로우려면, 반대로 새롭지 않은 것이 무엇인지도 알고 있어야 하기 때문이다. 비교 대상이 필요하다. 아주 익숙한 것, 잘 알고 있다고 생각한 것의 일부가 바뀌었을 때 그 변화는 눈에 확 띈다. 몇 년째 매일 보던 사람, 수수한 청바지에 늘 평범한 헤어스타일을 하고 다니던 사람이 어느 날 갑자기 화려한 장신구와 빨갛게 염색한 머리로 나타나면 '와! 새로운데?' 하고 놀라지 않겠는가. 하지만 전혀 모르는 사람이 빨간 머리와 화려한 장신구를 하고 다가오는 일은 '낯선 것'이지 새로운 것이 아니다. 일단 이 사람이 누구인지부터 알아야 새로움이고 특별함이

●　　최지은, 「카카오TV '톡이나 할까?', 톡의 달인」, 씨네21, 2020. 11.

고 파악할 여유가 생긴다.

내가 공동 연출로 참여했던 〈두니아〉도 시작할 때부터 끝날 때까지 들은 평가의 대부분이 '새롭다'를 다양한 표현으로 바꾼 것들이었다. 실은 새로움이 지나쳤는지 '참신하다'보다는 '이게 도대체 뭐냐'에 가까운 감상이 더 많았다. 〈두니아〉는 비디오게임의 여러 요소를 차용한 예능이었고, 판타지적 상황 설정 안에서 출연자들이 자유롭게 상황극을 펼치다가 진짜 대본이 있는 드라마타이즈로 변하기도 했다. 그러면서 시청자 문자 투표에 따라 내용 전개가 달라지는 참여형 프로그램이기도 했다. 내가 만든 프로그램인데 내가 쓰면서도 한 번에 정리가 안 된다. 새로운 게 너무 많으면 새롭다고 느끼기에 앞서 이게 뭔지 파악부터 해야 되는 일이 생긴다. 따로 설명할 필요 없는 익숙한 것들 속에서 한눈에 들어오는 새로운 지점이 하나 있을 때, 그리고 그 하나가 충분히 매력적일 때 오히려 사람들은 좀 더 편하게 새로움을 느낀다.

〈사랑의 스튜디오〉로부터 이어져 내려오는 청춘남녀의 짝짓기 프로그램은 '데이팅쇼'로 분류되는 오래된 예능 장르다. 〈사랑의 스튜디오〉가 한국에서 방송을 시작한 것이 1994년이니 국내 데이팅쇼의 역사만으로도 벌써 30년이다. 하지만 '외로운 젊은이들이 자신의 매력을 어필해 짝을 찾는다'

는 기본 틀은 그대로 유지한 채 소소한 변주를 거듭하며 데이팅쇼는 여전히 세련된 장르로 남아 있다. 합숙을 하며 오가는 감정의 교류를 스튜디오에서 지켜보며 추리하기도 하고, 실컷 관능적인 몸매를 자랑하게 해놓고 성적인 접촉은 못 하게 한다거나, 이별을 생각하는 오래된 연인들에게 서로 짝을 바꿔 데이트해보는 기회를 주기도 한다.* 저 매력적인 젊은이들이 저기 왜 모였고, 앞으로 뭘 할 건지 시청자들은 이미 너무 잘 알고 있기 때문에, 딱 하나 이 프로그램이 소소하게 다른 지점 하나만 설명해주면 깔끔하게 '새로움'을 즐길 수 있다.

뭐 하나. 다른 기본적인 것들을 탄탄하게 갖춰놓은 다음 뭔가 새로운 거 하나, 독특한 거 하나. 이 하나에 대한 고민이 프로그램에 생명을 불어넣는다. 〈톡이나 할까?〉에서의 '뭐 하나'는 '만나서 카톡한다'였다. 〈톡이나 할까?〉는 토크쇼다. 토크쇼는 예능의 가장 오래된 장르이고, 디지털 미디어 시대가 되면서 가장 흔해진 포맷이기도 하다. 촬영·편집 기술의 보편화로 누구나 유튜브에 자기 영상을 찍어 올릴 수 있게 되었지만, 그동안 방송사가 독점적으로 만들어오던 여

---

* 순서대로 채널A 〈하트시그널〉, 넷플릭스 〈투 핫〉, 카카오TV 〈체인지 데이즈〉

러 형태의 예능을 모사하는 것은 생각만큼 쉬운 일이 아니다. 큰 예산이 드는 대형 음악쇼나 게임쇼는 말할 것도 없고, 여러 출연자들이 다채로운 상호작용을 하는 버라이어티쇼도 많은 장비와 연출력을 필요로 한다. 하지만 토크쇼는 앉아서 떠들기만 하면 된다. 그래서 유튜브에 사람들이 올리는 콘텐츠의 상당수는 사실상 토크쇼의 변형이다. 이런 시대에 똑같이 마주앉아 입 터는(?) 토크쇼가 또 나와서는 아무리 내용이 좋다한들 사람들의 관심을 끌긴 어렵다. 심지어 카톡으로 인터뷰를 하는, 그러니까 '채팅 토크쇼'의 형태도 이미 곳곳에서 시도한 바 있다. 그런데 그걸 '만나서 마주보고' 한다고 하니 갑자기 질문이 쏟아진 것이다. "왜 만나서 카톡을 해요?" 오호라, 새롭긴 한 모양이다.

PD들이 새로운 프로그램을 기획할 때는 소재나 메시지, 즉 '무엇'을 먼저 정하고 '어떻게'를 고민하는 것이 보통이다. 〈나 혼자 산다〉는 '1인 가구 전성시대에 스타들의 혼자 사는 모습을 구경하면 어떨까?' 하는 질문에서, 〈구해줘 홈즈!〉는 PD 본인이 집을 구하러 다니며 헤맸던 경험에서 출발했다. 둘 다 '다루고 싶은 이야기'가 먼저 존재했고, 그 이야기를 어떻게 풀 것인가 고민하는 과정을 거쳐 방송으로 만들어졌다.

반면 '무엇'이 결정되지 않은 상태에서 '어떻게'가 먼저 정해진 채 기획이 시작되는 경우도 있다. 365일 편성표에 프로그램이 항상 채워져 있어야 하는 방송사의 경우는 더욱 그렇다. 대표적인 것이 추석특집 같은 특집 프로그램들이다. '명절에 온 가족이 함께 모여 볼 수 있는 프로그램'이라는 '어떻게'가 먼저 정해진 다음 '그래서 뭘 보여주지?' 하는 질문이 뒤따라온다. 외국인들이 한복을 차려입고 유명 가요를 쉴 새 없이 부르는 장면이 바로 떠오른다면 기획이 목적에 부합한 셈이다. 다 모으면 운동회도 할 수 있을 만큼 하나의 거대한 시장이 되어버린 아이돌 그룹들이 한데 모여 운동회를 펼치는 〈아이돌육상선수권대회〉, 이른바 '아육대'는 자녀 세대에겐 좋아하는 아이돌을 볼 기회, 부모 세대에겐 뽀송뽀송한 선남선녀들이 모여 치열하게 스포츠 경기를 치르는 장관을 구경할 기회이다. 반면 〈마이리틀 텔레비전〉이나 〈SNL〉처럼 신문물과 인터넷 유행어로 가득한 프로그램은 명절 특집으로는 탈락이다.

〈톡이나 할까?〉도 '어떻게'가 먼저 정해진 기획이었다. 처음 카카오TV 서비스가 오픈하기 전 방송사에서 이직해 온 PD들에게 회사가 제일 먼저 내건 슬로건은 '모바일 오리엔티드mobile oriented', 즉, 모바일로 볼 때 더 재미있는 콘텐츠였다. 그래서 PD들도 몇 달 동안 '모바일 콘텐츠'에 대해 끊임없이 고민했다. 우리가 익숙하게 일해 온 TV와 달라야 했고, 당연히 재밌어야 했으며, 무엇보다 새로워야 한다는 부담이 가장 무겁게 느껴졌다.

'모바일 콘텐츠'라는 말은 자동적으로 여러 심상을 떠오르게 한다. 짧고 가벼운 콘텐츠. 깊이나 완성도보다는 빠르게 변하는 시류를 좇아야 하고, 몸이 가벼워야 하는 만큼 제작비도 적다. 보여주는 기능뿐이었던 TV에 비해 모바일 기기는 최신기술의 집약체이고, TV가 가구 단위로 이용하는 기기였다면 모바일은 가장 개인화된 기기이다. 개인화된 시청자 정보를 활용할 수만 있다면 새로운 체험을 선사하는 콘텐츠를 만드는 것도 가능하다. 하지만 새롭고 싶다는 욕심 때문에 이런저런 기능을 덕지덕지 섞어 놓으면 역시나 '새롭다'보다는 '그래서 이게 뭐야'로 빠질 위험이 크다. 어차피 TV에서 일해 온 PD들인 만큼 우리가 제일 잘하는 것이 시청자들에게도 익숙한 것들이다. 그럼 바로 그 '뭐 하나', 한 포인트만 눈에 띄게 다르면 되지 않을까.

첫 번째 조건: 세로형 화면

가장 직관적으로 모바일 기기가 TV와 다른 점은 세로형 화면이었다. 사람들은 스마트폰을 세로로 들고 쓴다. 가로로 돌려 눕힐 때는 영상을 감상할 때뿐이다. 사람들이 모바일로 보는 영상들도 원래는 대부분 TV와 극장을 위해 만들어진 것들이기 때문이다. 그래서 귀찮고 불편하다. 그간 모바일의 세로 화면에 맞춘 콘텐츠가 전혀 없었던 것은 아니지만 그렇게 만들어 놓으면 다른 수많은 스크린에서 2차 활용하기가 몹시 곤란해지고, 수지타산을 맞추기 힘들어진다. 세로 화면의 전성기를 이끈 것이 큰 제작비를 들여 양질의 콘텐츠를 제작하는 제작사가 아니라 이용자 개개인이 놀이처럼 찍어 올리는 '틱톡'형 플랫폼이라는 사실은 이 수지타산 문제의 귀결이다. '틱톡'이나 '릴스'를 찍는 건 돈이 많이 안 드니까 모바일 세로 화면으로만 몇 초 휘리릭 보고 지나가도 큰 문제가 없다. 그럼 우리는 세로 화면을 돈 들여 더 잘 만들면 눈에 띄지 않을까? 회사가 그렇게 해달라고 한 거니까 수지타산 문제도 회사가 알아서 하겠지.

사실 영상예술이 가로 화면으로 발달해온 것은 다 이유가 있다. TV는 물론이거니와 역사가 더 오래된 영화도 다양한 화면비가 존재했지만 항상 가로 비율이 더 길었다. 이족보행을 하며 문명을 이룩해온 인간은 하늘 위에 뭐가 있는지 올려다보는 시간보다 지평선을 따라 땅 위에 무엇이 있는지 찾아 헤매며 보낸 시간이 더 길다. 가로로 배치된 한 쌍의 눈은 옆으로 펼쳐진 시야가 더 넓다. 그래서 화면 속에서 정보를 얻을 때도 옆으로 긴 가로 화면이 더 편안하게 느껴진다. 세로로 긴 화면 속에는 아무 정보 없는 텅 빈 하늘이 길게 담겨 있는 동시에, 잘려나간 양옆 지평선 위에는 뭔가 더 있을 텐데 보이질 않으니 답답하게 느껴진다.

하지만 영상예술을 벗어나 시각예술 전반으로 시선을 돌

리면 세로형 프레임의 역사도 유서가 깊다. 미술의 역사는 늘 종교, 권력과 함께 발달해왔고 거기엔 권력자나 성인의 초상을 그리는 것이 항상 포함되었기 때문이다. 한 사람의 초상을 담을 때는 세로로 세운 화폭이 더 매력적이다. 가로 프레임 속에 서 있는 사람을 그려 넣으면 양 옆이 휑하게 비어버리지만 세로로 화폭을 세우면 화면을 꽉 채우면서도 부담스럽지 않은 거리감의 사람을 담을 수 있다. 가로 프레임에 인물을 꽉 채우려면 굉장히 부담스러운 거리까지 클로즈업이 들어가야 한다. 그래서 아예 세로형 프레임을 가리키는 영어 단어 자체가 '포트레이트portrait', 즉 '초상화'와 같은 단어를 쓴다. 한 명의 인물을 담은 세로 프레임의 역사를 고스란히 보여주는 셈이다. (가로형 프레임을 가리키는 단어는 '랜드스케이프landscape', 즉 '풍경'이다.)

세로 화면을 사용하기로 결정한 만큼, 이 세로 화면이 답답하지 않고 오히려 매력적으로 느껴질 수 있도록 사람 한 명이 화면을 꽉 채워 등장하는 기획을 해야겠다고 생각했다. 그럼 가능성이 몇 가지로 좁혀진다. 아무 제약 없이 자유롭게 생각을 펼칠 때보다 이렇게 틀을 정해두고 고민할 때 오히려 아이디어는 더 구체적으로 떠오른다.

두 번째 조건: 카카오톡

세로 화면 속에 사람 하나를 꽉 채운다는 형식은 정했는데, 그래서 정확하게 그 사람이 뭘 할 건지는 잡힐 듯 잡힐 듯 아슬아슬하게 잡히지 않았다. 이런 상태가 되면 이제 하루 종일 '뭐 하지, 뭐 하지, 뭐 하지'를 되뇌며 모든 순간 눈에 불을 켠다. 머릿속에 기획 모드의 스위치가 켜져 있을 때는 일상에서 어떤 순간을 만나든 써먹을 생각만 하게 된다.

그 와중에 회사 사람과 업무 카톡을 주고받을 일이 있었다. 업무 상대와 주고받는 카톡은 미묘한 긴장감이 있다. 표정과 어조가 전달되지 않으니 텍스트만으로 감정을 담아야 하는데, 매번 그 적정 수준을 가늠하게 된다. 가장 건조하게는 마침표, 쉼표 정도만 찍어가며 정중한 문장을 구사할 것인지("네, 알겠습니다."), 아니면 느낌표나 물결 표시 정도는 붙여줄 것인지("네~ 알겠습니다!"), 그나마 감정 표현을 한다면 '^^'를 쓸 건지 ':-)'로 쓸 건지, 그것도 아니면 'ㅋㅋㅋ'이나 'ㅎㅎㅎ' 정도는 써도 괜찮을지 같은 것들. 일 때문에 연락하는 사이라고 해도 사람마다 성정이 다르고 거리감이 다르기 때문에 아주 미묘한 신경을 쓰게 만든다.

그런데 가끔, 'ㅋㅋㅋ'도 안 쓰던 정중한 상대가 갑자기 너무 적절한 타이밍에 적절한 유료 이모티콘을 날리는 순간이 있다. 그러면 'ㅋㅋㅋ'조차 실제로는 무표정한 얼굴로 입력하던 나도 별안간 피식, 진짜 웃음이 새어나오는 것이다. 카톡을 주고받는 많은 순간들은 손으로 타이핑하는 내용과 얼굴의 감정이 유리되어 있는데, 이 둘이 일치하는 순간은 아주 잠시 반짝 하고 빛이 나는 것 같다. 그 느낌이 좋았다. 별거 아닌, 아주 미묘한 감정의 순간이었지만 그래서 더 순도가 높은, 꾸밀 수 없는 감정. 이 순간을 포착해서 보여줄 수 있으면 재미있을 것 같다는 생각이 들었다. 어? 누워서 카톡을 하다가 자세를 고쳐 앉았다.

그러고 보니 우리 카카오TV인데 카톡 쓸 생각을 왜 못 했지. 카톡 화면은 애초에 메시지가 수직으로 쌓이니까 시각적으로도 세로 화면과 아주 잘 어울린다. 그럼 세로 화면을 가득 채운 인물이 카톡을 주고받으며 느끼는 미묘한 감정들을 프로그램으로 만들자. 근데 그것만으로는 너무 평범하니까 뭐 하나 이상하고 특별한 것, 그러니까 실제로 마주보고 앉아서 한다는 설정을 추가하자. 그럼 그 미묘한 감정들을 서로 실시간으로 볼 수 있다. 그게 또 다시 간질간질 미묘하다.

여기까지 떠올리니 괜찮겠다는 확신이 들었다. 그 간질간질함을 상상하니 이건 흡사 소개팅의 그것이었다. 업무상 카톡을 하는 사람과 어디까지 감정을 표현해야 할까 매번 고민하는 이 관계의 기술도, 결국 소개팅에서 한마디 내뱉을 때마다 열심히 맷돌을 굴리는 상황과 크게 다르지 않다. 소개팅이야말로 모든 관계의 기술이 총동원되는 현장 아닌가. 초면에 예의는 갖춰야 하는데 동시에 호감도 사야 하고, 아직 상대를 잘 모르니 어느 선까지 들이대도 괜찮을지 매순간이 눈치게임이다. 눈을 크게 뜨고 상대의 모든 정보에서 신호를 읽어낸다. 크고 작은 웃음 하나하나, 미세하게 움직이는 시선과 내가 한 말에 반응하는 미묘한 표정까지. 이 극도의 긴장감 덕분에 무심코 앉은 카페의 옆자리가 소개팅 현장이면 그날 카페에서 하려던 일은 다 글렀다고 봐야 한다. 아무리 신경을 꺼도 저 간질간질한 한마디 한마디가 귀에 때려 박혀 온다. 마주보고 하는 카톡 인터뷰는 직접 말을 하지 않는 만큼 다른 비언어적 신호들이 극대화될 것이고, 그건 저 소개팅의 간질간질함과 크게 다르지 않을 것이다. 그걸 세심하게 찍어서 보여준다면, 분명 볼 만하겠다. '세로 화면'이라는 형식이 정해지고 '카톡'이라는 소재를 선택한 이 기획의 '뭐 하나'는 '만나서 마주보고'라는 조건이었다.

기획의 화신, MC

화신化身. '될 화' 자에 '몸 신' 자. 몸을 입는다는 뜻이다. 원래는 부처가 중생을 교화하기 위해 여러 형태로 변화한다는 불교 용어에서 출발했지만, 어떤 추상적인 특질이 사람으로 표현되는 경우로 확장되어 흔히 쓰이고 있다. 아름다움이 사람이 되면 미의 화신, 되갚아주겠다는 거센 마음이 사람이 되면 복수의 화신인 것이다. 예능 PD의 기획이 사람이 되면 그게 바로 MC, 진행자이다.

예능 촬영에는 대본이 없다. 아니, 정확히는 대본과 구성안이 있긴 하지만 그걸 얼마나 철저하게 따를 것인지는 방송마다 다르다. 예를 들어 음악쇼, 특히 생방송으로 진행되는 음악쇼의 대본은 오히려 드라마나 영화보다도 더 철저하게 지켜진다. 정해진 시간 안에 모든 내용을 보여주고 끝내야 하기 때문에 MC가 읽는 멘트의 길이도 초 단위까지 고려해서 쓰인다. 대본을 쓰는 작가들이 스톱워치를 켜놓고 몇 번씩 읽어가며 고치고 또 고친다. 하지만 생방송에는 늘 변수가 있기 마련이고, 돌발 상황에 능숙하게 대처하며 시간 안에 방송을 자연스럽게 진행시키는 것은 MC의 역량이다.

토크쇼의 경우도 MC의 질문부터 게스트의 대답까지 상당 부분 대본을 따라 진행된다. 사전에 작가진이 게스트로부터 어떤 이야기를 들을 것인지 자료 조사와 사전 인터뷰를 충분히 거쳐 유의미한 내용들로만 알맹이를 구성하기 때문이다. 생각해보면 너무 당연한 일이다. 하지만 대본이 없는 것처럼 편안한 공기를 만들어내는 것, 대본의 흐름을 따라가다가 게스트의 특정한 순간을 포착해 사전 인터뷰에서는 나오지 않았던 더 깊은 이야기를 끌어내는 것 또한 MC의 역량이다.

반면 이른바 '야외 예능'으로 불리는 버라이어티나 관찰 예능들은 상대적으로 대본의 중요도가 덜하다. 프로그램의 시작에 오늘 무얼 할 것인지 패널들끼리 주고받는 대화 정도는 꽤 구체적으로 적혀 있지만, 그 밖에는 오늘의 미션이나 게임의 규칙 정도만 큼지막한 단위로 적혀 있는 것이 전부다. 나머지는 제작진이 현장에서 시시각각 흘러가는 상황을 지켜보며 출연자들에게 그때그때 필요한 방향을 실시간으로 부탁한다.

MC의 중요성이 느껴지지 않는가. 예능 촬영 현장은 가급적 끊지 않는다. 연출자의 뜻대로 흘러가지 않는다고 해서 중간에 녹화를 끊고 출연자들을 불러 모아 재정비한 다음 녹화를 재개하는 일은 최대한 마지막까지 피하는 선택이다. 드라마처럼 정해진 대사를 연기하는 것이 아니기 때문에 녹화 현장에 자연스럽게 관성이 붙어 출연자들이 점차 몰입하도록 유도해야 하기 때문이다. 중간에 끊으면 그 기운이 크게 꺾인다. 그러니 일단 카메라가 돌아가기 시작한 다음부터는 카메라 뒤에 있는 연출자의 의도를 카메라 앞에서 이해하고 이끌어가는 MC의 역할이 절대적이다. MC는 카메라 앞의 PD나 마찬가지다. 그만큼 프로그램을 잘 이해하는, 기획이 몸을 입은 화신 그 자체가 되어야 한다.

'만나서 마주보고 카톡 하는 토크쇼'의 MC를 정하는 것은 쉽지 않았다. 일단 카톡을 능숙하게 다룰 수 있는 것은 기본이요, 상대의 미세한 표정과 감정을 세심하게 캐치할 수도 있어야 하며, 세로 화면을 얼굴로 가득 채워도 부담스럽지 않을 만큼 호감이 가는 이미지도 필요했다. 그런 사람이 누가 있을까 내내 생각하던 시기에 서점에서 매대를 가득 채운 김이나 작사가의 신간 『보통의 언어들』을 만났다. 기획 기간에는 서점도 자주 드나들게 되는데, 한창 베스트셀러였던 그 책 덕분에 어느 서점을 가나 그의 얼굴이 가득이었다. 작사가, 일상의 크고 작은 감정들을 포착해서 짧은 문장 속에 담아내는 직업. 그 직업으로 업계 탑을 찍은 사람. 게다가 예뻐. 뭐야, 모든 조건에 딱 맞잖아. 역시 책 속에는 길이 있다. 그 길로 그가 나왔던 방송들을 모조리 찾아봤다. 세심할 것만 같은 이미지였는데 소탈한 매력도 넘쳤고, 의외로 웃음 욕심도 많아서 짓궂기도 했다. 무엇보다 다른 사람들은 그냥 지나치는 어떤 작은 순간을 포착해 새로운 시선으로 들려주는 표현이 탁월했다. 더할 나위 없었다. 바로 섭외 요청을 보냈다.

사실 카카오TV는 아직 서비스 개시도 안 한 시점이었으니, 이런 신생 채널에 처음 보는 기획안, 게다가 유명하지 않은 PD의 섭외는 성사되기 어렵다. 방송에 얼굴을 내어준다는 것은 제작진의 손에 자신의 정체성을 맡기는 일이다. 자신이 동의하지 않더라도, 그런 뜻으로 한 말이 아니어도 PD의 손에 의해 전혀 다른 말, 다른 생각을 하는 사람으로 만들어질 수도 있다. 그래서 섭외에 응하기 전에 참고할 수 있는 판단의 근거가 필요하다. 유명한 방송이라면 이전 방송분을 찾아보면 되고, 유명한 PD라면 그의 전작을 보면 된다. 소위 인맥으로 섭외가 이루어지는 경우도 이런 이유 때문이다. 서로 어떤 사람인지 알면 신뢰할 수 있으니까. 때문에 그 어떤 것에도 해당하지 않는 이런 섭외는 거절당할 각오를 단단히 해두어야 한다.

하지만 김이나 작사가는 생각보다 흔쾌히 응해주었다. 기획안이 재미있어 보였다고 한다. 카카오TV라는 신생 플랫폼에 대해서도 좋은 기대를 걸어주었다. 알고 보니 본인부터가 워낙 비디오게임과 온라인 방송을 좋아하는 사람이라, 누구보다 디지털 매체에 대한 이해가 높고 두려움이 적었다. 어차피 본업은 작사가, 그것도 아주 뛰어난 작사가이기 때문에 방송은 성패보다도 재미있어 보이는 것, 그리고 자신이 다른 역할을 흉내 낼 필요 없이 그저 자신으로 있으면 되는 것들을 하고 싶다고 했다. 보아라, 저 어른의 여유를. 역시 업계 최고는 아무나 되는 게 아니다. 이름도 어쩜 김이나야. 그의 이름을 따서 제목도 〈톡 '이나' 할까?〉로 딱.

〈톡이나 할까?〉는 그렇게 만들어졌다. 뜨거웠던 여름, 작사가 김이나와 첫 게스트였던 배우 박보영은 서울의 풍경이 시원하게 펼쳐진 어느 카페에 마주앉아 카톡으로만 대화를 나누었다. 순간순간 오고가는 눈치와 터져 나오는 웃음, 간질간질한 어색함과 조금씩 편안해져가는 감정이 가득한 여름날이었다. 오랜 시간 머릿속으로 구상했던 장면이 고스란히 펼쳐졌다.

김이나 작사가는 그야말로 '화신化身'이었다. 처음부터 그를 생각하고 구상했던 기획이 아니었음에도, 이 사람이 아니었으면 이 프로그램이 가능했을까 싶을 만큼 완벽하게 기획에 생명을 불어넣었다. 상상 속에서 수없이 시뮬레이션을 돌렸던 것들이 비로소 눈앞에서 그대로 살아 움직이기 시작할 때, PD는 스스로도 살아 움직이는 것을 느낀다.

하지만 이제 첫 회. 익숙함 위에 얹은 '뭐 하나'로 만든 새로움은 금세 무뎌져 갈 것이다. 〈톡이나 할까?〉는 끝이 정해져 있지 않은 레귤러 프로그램이고, 매주 시청자를 찾아가는 프로그램은 그 긴 여정 속에서 익숙한 편안함과 반복되는 식상함 사이의 균형을 쉼 없이 잡아가야 한다. 세로 화면과 '마주보고 카톡 하는' 새로움마저 익숙해질 때쯤, 그 위에 얹을 새로운 '뭐 하나'를 또 찾아야겠지. 일단 기획이 몸을 입은 듯한 절대 MC를 등에 업었으니 든든하다. 첫 회가 기대 이상으로 나와준 만큼 이걸 또 잘 디디고 다음 걸음을 내디디면 된다. 역시 뭐라도 나와 있어야 또 한 발 나갈 수 있다.

〈톡이나 할까?〉는 토크쇼, 그중에서도 일대일로 이루어지는 인터뷰 프로그램이었다. 다만 일반적인 '인터뷰'는 말로 하는데 우리는 카톡으로 하니까 홍보팀에서 '인터뷰' 대신 '톡터뷰'라는 단어를 만들었다. 그 용어를 보고 속으로 잠시 이런 생각을 했다. '아, 근데 '인터뷰'는 '상호간'을 뜻하는 접두사 'inter'랑 '본다'라는 뜻의 'view'가 합쳐진 말이니까 정 바꿀 거면 'inter'는 건드리지 말고 '인터-톡'이라고 해야 하는 거 아닌가…….'

물론 굳이 입 밖으로 꺼내진 않았다. 이런 거 일일이 다 얘기하고 다니면 친구 없다. 나도 그 정도 사회성은 있다. 발음도 '톡터뷰'가 더 귀여우니 왠지 문법적으로 틀린 것 같은 찜찜한 기분은 알아서 삼키기로 했다.

'톡터뷰'는 좀 예외적인 케이스이긴 했지만, 인터뷰는 예능에서 빼놓을 수 없는 기본 장치다.

네, 그쪽에 앉으시면 돼요.

어디 봐요, 이쪽 봐요?

아, 카메라 말고 저 보고 편하게 얘기하시면 됩니다.

PD가 일로 하는 인터뷰는 크게 방송에 내는 방송용 인터
뷰와 방송에 내지 않는 것을 전제로 자료 조사 차원에서 진
행하는 사전 인터뷰가 있다. 사전 인터뷰 때는 카메라가 없
으니 출연자들도 좀 더 솔직하게 자기 얘기도 하고 남 얘기
도 한다. 방송에 절대 못 내는 흥미진진한 이야기들도 많아
서 듣다 보면 이걸 못 쓰는 게 자주 아깝다.

그래서 요즘엔 사전 인터뷰 때도 작은 카메라를 많이 둔
다. 예능을 보면 본격적인 내용이 시작되기 전 편한 차림새
의 연예인이 회의실에서 제작진과 마이크 없이 대화하는 장
면이 자주 나온다. 물론 몰래 찍는 것은 아니니 출연자도 자
리에 앉으면서 테이블에 놓여 있는 작은 카메라를 한 번 흘
긋, 쳐다보긴 한다. 그래도 커다란 촬영용 카메라 앞과 비교
하면 훨씬 편한 분위기 속에서 솔직한 이야기들을 담을 수
있다.

반면 전형적인 방송용 인터뷰는 예능에서 정말 많이 봤을
텐데, 가장 흔한 건 '속마음'으로서 기능할 때다. 당신이 분명

히 봤을 그 장면을 말해보자.

번지점프대에 선 연예인을 비추는 카메라. 까마득한 높이에 얼굴은 죽을상인데 뒤에 서 있는 안전요원은 얄궂을 만큼 차근차근 카운트다운을 외친다. 멀리서 걱정스러운 얼굴로 바라보고 있는 다른 출연자들. 화면은 두려움에 일그러진 주인공의 얼굴을 비추고 있는데, 갑자기 화면 바깥 어디선가 목소리가 치고 들어온다. "아우, 진짜 머릿속이 새하얘지는데!" 그리고 컷이 바뀌면 깔끔한 배경에 홀로 앉아 있는 목소리의 주인공. 방금 번지점프대 위에 서 있던 그 사람이다. 말은 계속 이어진다. "이러다 진짜 죽을 수도 있겠구나 싶더라고요." 이 말은 분명 두꺼운 고딕체 자막으로 화면 아래 큼지막하게 박힐 거다. 이어지는 화면은 다시 번지점프대 위에서 눈물이 그렁그렁한 주인공을 가득 비추지만, 오디오는 방금 시작한 인터뷰가 계속 들려온다. "그래도 여기서 포기하면 안 되겠다 싶었어요. 맨날 도망만 쳤는데." 이 자막은 세심한 폰트의 명조체로 스르륵 들어간다. 그리고 여기서부터 감동적인 음악이 깔린다. 이 장면 분명히 봤을걸? 여기서부터는 더 자세히 설명할 필요도 없다. 그 다음은 용기 내서 뛰어내리는 주인공을 슬로모션으로 세 번 반복해서 보여주고, 그사이에 삽입되는 다른 동료들의 놀란 표정까지, 아마도 음

악은 시규어 로스나 콜드플레이. 영화 〈국가대표〉 OST인
'Butterfly'도 많이 쓴다.

'속마음' 인터뷰

'속마음' 인터뷰는 다양한 상황에서 쓰인다. 연애 프로그램
에서 의미심장한 눈길을 주고받는 두 출연자가 실은 어떤 마
음이었는지를 슬쩍 들려주기도 하고, 경연 무대에 오르기 직
전 가수가 얼마나 긴장했었는지 부연해주기도 한다. 영화나
드라마였다면 직접 설명하지 않고 연기나 음악을 동원한 연
출로 그 속마음을 상상하게끔 만들었겠지만, 예능의 문법은
그보다 쉽고 정확해야 한다는 게 통념이다. 그래서 당사자의
목소리로 직접 들려준다.

이런 '속마음' 인터뷰는 보통 하루치 촬영이 다 끝나고 대
부분의 스태프들이 정리를 시작할 때 촬영장 한쪽 구석에서
진행된다. 그날 촬영 중 중요했던 장면들, 속마음을 함께 들
으면 더 풍성해질 것 같은 장면들을 미리 체크해 놨다가 질
문지로 구성한다. 예상과 다른 의외의 대답이 장면에 입체감
을 더하기도 하지만, 연출자에 따라서는 그냥 구성에 필요한
말을 유도하기도 한다. 이런 취지로 대답해주시면 좋을 것
같아요. 닳고 닳은 베테랑 예능인들 중에서는 이미 상황 파

악 끝낸 다음 연출자가 요구하기도 전에 좋아할 만한 멘트를 정확히 날려주고 누구보다 빠르게 촬영을 끝내는 이들도 있는데, 이런 사람들끼리 만나면 촬영이 아주 효율적으로 착착 진행된다.

닳고 닳았단 말은 칭찬이다. 연출자의 의도와 구성을 재빨리 파악하고 필요한 말을 딱딱 뱉어주는 출연자는 일단 안전하다. 한정된 일정과 제작비 안에서 효율성을 보장해준다. 거기서 더 나아간 베테랑들은 필요한 말을 쭉 늘어놓다가 할 만큼 했다 싶으면 전혀 의외의 발언을 딱 던지면서 '꺾어주는' 기술까지 보여준다. 이러면 일이 한결 편해진다. 출연료 값을 톡톡히 하는 사람들이다.

모든 인터뷰이가 이렇게 좋은 멘트를 좋은 길이로 딱딱 뱉어준다면 일이 편하겠지만 그런 사람을 인터뷰할 일은 그리 많지 않다. 좋은 출연자의 몸값이 왜 비싸겠는가. 방송이 익숙하지 않은 사람의, 정제되지 않은 진솔한 말에도 분명히 매력이 있다. 하지만 방송은 그걸 그대로 다 내보낼 수 없다. 방송에 나갈 수 없는 말도 섞여 있을 테니 다듬어서 나가야 한다. 때문에 그런 매력을 잘 살려내는 것부터는 연출자의 역량이 된다. 더구나 인터뷰 상대가 직업 방송인이 아니라면, 그러니까 자기 매력을 세련되게 드러내는 훈련이 되어 있지 않다면 다듬을 걸 걱정하기 전에 일단 좋은 대답부터 끌어내기 위해 정말 부단히 애를 써야 한다.

좋은 대답은 뭘까?

그런 문장들이 있다. 어떤 질문을 던졌을 때 대강 이런 대답을 듣겠거니 했는데, 그 바깥에서 불쑥 나타나는 이야기. 예측 가능한 평범한 단어들 속에서 아주 잠시 반짝하고 선명하게 빛이 나는 어떤 문장. 그걸 듣는 순간, '아, 이 인터뷰는 이 정도 땄으면 됐다' 하고 슬슬 마무리 질문으로 들어가게 된다.

그런 걸 따내려면 눈앞의 사람에게 세심하게 귀 기울여야 한다. 질문지 정해놓고 인터뷰이마다 매번 똑같은 질문을 던져서는 좋은 답을 얻을 수 없다. 몇 마디 따라가다가 아하, 이 사람은 이렇게 말을 하는 버릇이 있구나, 이 사람의 언어는 이런 모양새구나, 그 꼬리를 붙잡고 조금씩 더 깊은 곳으로 들어가야 한다. 꼭 들어야 하는 이야기가 있는데 당사자가 슬쩍 말을 돌리며 부담스러워한다면 한 발 빼는 것도 중요하다. 다른 이야기로 천천히 입을 풀게 두었다가 크게 돌아 다시 들어가면 이번엔 좀 더 편하게 대답을 들을 수 있는 경우도 많다. 이 모든 과정은 상대의 말과 템포를 온전히 존중하겠다는 약속이다. 일상 속에서 이런 대화를 할 일이 얼마나 있을까? 날것의 대화보다 인터뷰 속 이야기가 더 살아 있다면 그런 이유 때문일 것이다.

이제는 고전이 된 이름이지만 〈우리 결혼했어요〉 같은 연애 예능을 볼 때도 그런 생각을 했다. 저렇게 연인과 함께 있을 때 자신의 모습을 기록해서 다시 보고, 그때의 기억과 감정을 다시 떠올리며 누군가와 인터뷰하고, 같은 순간에 대한 상대방의 인터뷰까지 정기적으로 확인할 수 있다면 그 관계는 얼마나 건강하고 단단해질까? 심지어 인터뷰를 할 때 이걸 상대방도 보게 된다는 것을 알고 있으니 말도 고르고 다듬어서 하겠지. 그 자체로 훌륭한 관계의 테라피다.

'에이, 카메라 앞에서 하는 얘기가 뭐 얼마나 진심이겠어'라고 생각하기 쉽지만, 의외로 카메라는 자주 마음을 열어주는 역할을 한다. 사회화가 훌륭하게 이루어진 어른들은 감정을 솔직하게 드러내려면 명분이 필요하기 때문이다. 소소한 웃음만 해도 그렇다. 친목을 위한 볼링 경기에서 스트라이크를 얻어냈을 때의 표정을 측정한 실험도 있다. 사람들은 친구들이 등지고 있을 때는 스트라이크에 성공해도 딱히 웃지 않았지만, 친구들이 바라보고 있을 땐 더 자주 웃었다.[*] 우리

---

[*] 마리안 라프랑스, 『웃음의 심리학』, 중앙북스, 2012, 63p.

는 누군가가 쳐다보고 있을 때 더 많이 웃는다. 감정을 더 쉬이 드러낸다. 카메라의 시선은 더 긴장하게 만들기도 하지만, 동시에 마음을 부드럽게 만들기도 한다.

예능을 만들다 보면 연예인뿐 아니라 생전 처음 보는 사람과 마주앉아 인터뷰를 할 일도 많다. 얘기 좀 하다 보면 나이, 성별을 불문하고 생면부지의 PD, 작가 앞에서 그렇게들 우신다. 저마다 어마어마한 사연이 있는 것도 아니다. 듣다 보면 같이 그렁그렁해지는 이야기도 있지만, 좀 당황스러운 대목에서 눈물을 뚝뚝 흘리기도 한다. 인터뷰를 따는 제작진이 커뮤니케이션의 달인이라서가 아니다. 사람들은 그저 온전히 자기 이야기를 털어놓을 곳이 필요할 뿐이다.

인터뷰의 기본은 '듣는 것'이니까. 나랑 생각이 달라도 일단 삼키고 저 사람이 맘껏 얘기하도록 내버려두는 자리니까. 카메라를 켜고 바른 자세로 마주앉아 '얘기하세요. 나는 듣겠습니다' 하는 눈으로 바라보면 마음이 열린다. 카메라 앞에서 눈물 흘리는 사람들을 볼 때마다 차분히 들어주는 대화가 세상에 얼마나 드문지 매번 새롭게 깨닫는다.

그렇게 찍은 영상을 편집할 때도 묘한 경험을 한다. 편집실에서 몇 시간이고 이 사람의 얼굴을 들여다보고 있으면 훨씬 친밀해진 것 같은 기분이 든다. 슬쩍 지나가는 표정 하나,

손동작 하나, 아주 미묘한 시선의 움직임. 입으로 하는 말과 어우러지는 눈빛을 놓치지 말고 잡아내야 하니 꼼꼼하게 그를 본다. 살면서 누군가의 말을 이렇게 두 번, 세 번 경청하고, 그의 눈짓 구석구석을 집중해서 주시하는 일이 얼마나 있단 말인가. 소중한 사람의 말이라 한들 이렇게까지 들을 일은 많지 않다. 〈톡이나 할까?〉처럼 카메라가 가까이 붙는 방송을 만들면 출연자와 게스트의 눈동자 움직이는 버릇까지 알게 된다.

　편집실을 나와 화면 밖의 사람을 만난다. 그의 말에 귀를 기울인다. 마주본다. 작은 뉘앙스와 사소한 표정까지 유심히 본다. 거기서 또 다른 세계를 만난다. 세상을 조금 더 크게 느낀다. 인터뷰는 누군가를 경청하는 태도가 되었다가, 결국은 내가 찍고 이야기할 세상을 마주보는 기술이 된다.

"○○는 생물이다"만큼 진부한 표현도 없다. 저 ○○에 들어가는 단어를 대단해 보이게 만들고 싶은 속셈은 알겠지만, 실은 저 자리엔 어떤 단어를 넣어도 보통 맞는 말이 된다. '생물이다'라는 표현은 결국 '일단 만들어 놓으면 내 생각대로만 흘러가지는 않는다'라는 뜻인데, 어차피 내 생각대로만 흘러가는 것은 세상에 하나도 없기 때문이다.

방송도 생물이다. 처음 기획과 섭외는 연출자의 머릿속에서 나왔을지 몰라도, 일단 세상에 등장하고 나면 자기 길을 자기가 만들기 시작한다. 그 길은 대중의 반응과 호흡하며 만들어지기도 하고, 만드는 과정에서 연출자 자신도 미처 예상하지 못했던 지점들을 새롭게 발견하면서 제작의 방향이 바뀌기도 한다. 연출자 입장에서는 자신의 창작물이 완전한 통제에서 점점 벗어난다는 뜻일 텐데, 그만큼 살아 있는 무언가란 이야기니까 반겨야 할 일이다. 소설을 쓰거나 만화를 그리는 사람들이 가장 많이 하는 말 중 하나가 '어느 시점이 지나면 등장인물들이 통제를 벗어나 살아 움직인다'라는 것이다. 그때가 되면 캐릭터를 매력적으로 만들기 위해 고민하는 것이 아니라, 저들 스스로 움직이고 말하는 것을 따라가게 된다고. 하물며 진짜 살아 있는 사람들과 만드는 예능은 오죽할까.

〈톡이나 할까?〉도 1년 3개월을 이어가는 동안 저 나름의 생물이었다. 맨 처음 기획을 구상하고 첫 회를 찍을 때만 해도 머릿속으로 구상했던 매력들이 실제로 펼쳐지는 것을 보며 희열을 느꼈다. 하지만 매주 찍고 만들면서, MC와 호흡을 맞추고 시청자의 반응을 살피고, 또 찾아오는 게스트마다의 색깔을 녹여내려 고민하다 보니 처음 구상할 때는 생각하지 못했던 매력들을 만나는 즐거움이 있었다. 미처 내가 몰랐던, 말하기의 다른 방법들이 가진 매력.

아이러니하게도 〈톡이나 할까?〉를 만들며 가장 자주 만난 불만이 바로 '왜 만나서 입 놔두고 답답하게 카톡으로 대화하냐'라는 거였다. 이 프로그램을 새롭게 만든 '뭐 하나'가 바로 이 설정이었기 때문에 이걸 빼버리면 특유의 독특한 질감은 사라진다. 서로 마주보며 말로 얘기하는 콘텐츠는 넘치도록 많으니까. 다행히 대다수 시청자들은 기획의 의도를 잘 이해해주었고, 애초에 저 불만은 기획의 본질 자체를 부정하는 것이라 수용할 수도 없긴 했다.

물론 그 마음도 충분히 이해한다. 실제로 답답하다. 말로 하면 훨씬 빨리, 속 시원하게 많은 이야기를 할 수 있는데 코딱지만 한 스마트폰 자판을 두드리고 있으니 속이 터지지. 심지어 앞에 떡하니 앉아 있는데도. 카톡 하다 답답해서 전화 건다는 사람이 한둘이 아닌데 당연한 반응이다. 그나마 스마트폰이 정말 자기 신체의 확장이 되어버린 젊은 세대야 그 간극이 훨씬 적지만, 연령대가 올라갈수록 시청자는 물론이거니와 출연자도 그 답답함이 커진다. 출연하는 게스트의 나이가 많아질수록 같은 녹화 시간에 담을 수 있는 내용이 급속도로 줄어들곤 했다. 타자가 느리시니까. 한 손가락 독수리타법으로 카톡 하시는 분들은 달리 방법이 없다. 기다리는 수밖에.

하지만 바로 그 답답함이 만드는 소통이 있다. 말은 동시성의 언어이다. 일단 발화하면 입에서 나오는 동시에 존재가 시작되다가, 인지되고, 사라진다. 청자뿐 아니라 화자에게도 그렇다. 머릿속으로 문장을 미리 완벽하게 완성한 뒤에 입으로 꺼내는 사람은 없다. 일단 입에서 나와야 자신이 무슨 말을 하고 있는지 알 수 있다. 말은 공표되는 동시에 자신의 길을 찾아간다. 그렇게 길을 찾아 나선 문장이 온전히 완성되지 못해도 괜찮다. 억양과 감정이 있기 때문에 단어나 문장이 아닌 '어떤 모양의 소리'이기만 해도 무언가는 전달된다.

반면 글은 반드시 문장을 완성해야 한다. 대충 얼버무리는 것이 안 된다. 억양과 뉘앙스 없이, 오직 문자 자체의 의미로만 자신이 무슨 말을 하고 싶은지 정확하게 정리할 수 있어야 한다. 심지어 채팅창에서의 글은 '아직 발화되지 않은 상태로서' 내 눈에 보인다. 전송 버튼을 누르기 전까지는 존재하지 않는 말이나 마찬가지다. 상대방 귀에도 들리도록 일단 입 밖에 꺼내 놓아야 비로소 존재하는 말과 다르다. 그러니 내가 지금 무슨 얘기를 하려는 건지 꺼내놓기 전에 눈으로 직접 보면서 스스로 정리가 된다. 말하고자 하는 바가 명확해지고, 문장이 정리될 때까지 쓰고 지우기를 반복하기도 한다. 에라, 모르겠다, 일단 뱉어버리면 그만인 말과 비교하자면, 속 깊은 이야기를 하기 위해 용기가 조금 더 필요한 대화일지도 모른다.

그리하여 이 대화의 장에서는 모두가 조금씩 더 정확해진다. 자신의 생각을 다시 한 번 들여다보고, 어떤 감정인지를 돌이켜본다. 표현할 수 있는 언어로 정제해본다. 할 수 있는 가장 정확한 표현으로 대화한다. 평소에는 사용해보지 않은 방법으로 대화를 나눠보는 경험은 그 자체로 특별하다. 답답함을 지불한 대가이다.

이런 방법의 말하기가 토크쇼가 되었을 때 놀라운 것은 이 '발화 이전의 과정'을 시청자도 함께 볼 수 있다는 점이다. 말로 하는 대화에서야 목구멍까지 올라왔다가 이내 삼킨 말을 다른 사람이 들을 수 있는 방법은 없다. 저 말을 꺼내기까지 어떤 생각들을 거쳤는지도 알 수 없다. 출연자가 어떤 말을 꺼내는 데 시간이 걸린다면, 연출자가 할 수 있는 것은 그저 그 고민의 시간들을 편집하지 않고 고스란히 살리면서 이리저리 움직이는 시선이나 미세한 얼굴 근육들을 클로즈업해 보여주는 것뿐이다. 한국형 예능에서는 '차마 떨어지지 않는 입……' 같은 자막을 넣는 것도 방법이겠다. 명조체로.

하지만 글자로 대화하는 이곳에서는 보인다. 전송 버튼을 누르기 전까지 '생각'으로 존재하는 말들을 볼 수 있다. 어떤 말을 썼다 지우고, 무슨 표현들을 거치고 고쳐서 저 말을 꺼냈는지 알 수 있다. 말하기 전의 머릿속까지 볼 수 있는 토크쇼인 셈이다. 기획할 때도 그런 것들을 볼 수 있으면 좋겠다고 생각은 했지만, 만들어 가면 갈수록 그 속에서 보이는 출연자의 농도 짙은 모습에 매료될 수밖에 없었다.

가로막히지 않는 말들

동시성의 언어로 대화를 나누지 않을 때 발견하는 또 한 가지 장점은 서로의 말이 먹혀 사라질 우려가 조금 줄어든다는 것이다. 대화에 열이 오를수록 우리는 종종 서로의 말을 가로막는다. 두 사람이 동시에 말의 첫머리를 꺼내 부딪치면 보통 말하고픈 열망이 더 큰 사람의 말만 살아남는다. 꼭 열망의 문제가 아닐 수도 있다. 사려가 깊거나 마음이 약한 사람이 양보하기도 하고, 혹은 위계의 문제 때문에 한쪽 말이 사라지기도 한다. 예의 바른 사이끼리는 서로에게 먼저 이야기하라며 휘휘 손을 내젓기도 하지만, 대화란 꼬리를 물고 이어지기 마련이라 기회를 양보한 말의 순서는 끝내 돌아오지 않을 때가 많다.

 나아가 음성 대화는 말을 끊는 것까지도 가능하다. 한 명이 말하는 중에 누군가 끼어들면 말하던 사람은 말을 멈춰야 한다. 청각은 두 사람의 말을 동시에 이해하는 것이 불가능하기 때문이다. 서로 다른 문장을 읽는 두 개의 목소리를 양쪽에서 들려주면 한 문장도 온전히 이해하기가 쉽지 않다. 동시성의 언어가 가지는 한계이다.

하지만 문자는 상대가 아무리 열심히 이야기하는 중이어도 내 문장을 완성하는 것이 가능하다. 목소리로 하는 말은 지금 듣지 않으면 사라져버리지만 채팅에선 상대의 말이 아무리 길게 이어지고 있어도 미뤄뒀다가 한 호흡 뒤에 읽는 것이 가능하다. 지금 해두지 않으면 안 될 것 같은 말은 일단 보내 놓으면 그대로 두 사람의 눈앞에 존재한다. 먹히지 않고 덮이지 않는다. 두 사람의 말 중 하나의 꼬리만 한참 이어진 다음이라도, 거슬러 올라가 '답장하기'를 눌러 지나간 말을 다시 호출해 오기도 훨씬 용이하다. 글로 나누는 이 대화는 그래서 정확한 만큼 사려 깊어지기도 한다. 형식의 변화는 생각보다 많은 것을 가능하게 한다.

'정확하고 사려 깊은 문자 대화'라고 하니 왠지 감정이 제거된, 정갈하고 차분한 대화의 이미지만 둥실둥실 떠오르는 기분이다. 선비 둘이 마주앉아 문방사우를 펼쳐놓고 필담으로 나누는 시조 같기도 하고. 실제로 문자로 나누는 대화에서 답답함을 느끼는 많은 사람들은 음성과 함께 사라져버린 뉘앙스와 어조를 그 이유로 든다. 일상 속에서 카톡을 할 때도 질감이 사라진 문자들이 종종 오해를 낳는다. 하지만 그 문자 대화를 '마주보고 앉아서' 하는 〈톡이나 할까?〉에서는 오히려 너무 사소한 나머지 평소엔 그냥 스쳐 보냈던 수많은 감정들에 확대경을 대고 들여다보는 느낌을 받는다.

결핍이 만드는 풍성함

사랑니 세 개를 한꺼번에 뽑고 거의 한 달 가까이 뭘 제대로 못 먹었던 적이 있다. 씹을 수가 없으니 죽을 계속 먹어야 했는데, 그렇게 일주일쯤 지나자 허기는 둘째 치고 턱관절을 힘껏 움직여 뭔가를 씹는 그 감각이 너무 간절해졌다. 말 그대로 '씹을 거리'가 필요했다. 집에서 뭐라도 씹을 것을 찾다가 사놨던 양파를 발견했다. 이 정도면 이에 무리를 주지 않으면서 아삭아삭 씹는 기분을 느낄 수 있을 것 같았다. 어찌나 마음이 급했는지 생 양파를 썰어 물에 담가 놓았다가 매운 기가 채 빠지기도 전에 날름 입에 넣고 씹었다. 아삭아삭. 치아가 양파의 결을 으스러뜨리며 들어가는 그 감각이 그렇게 반가울 수가 없었다. 매운 기운에 눈이 벌게진 채 흐르는 맑은 콧물을 내버려두며 즐겁게 씹어 먹었다.

심지어 씹는 감각만이 다가 아니었다. 양파의 맛이 이렇게나 풍요로웠던가. 단맛과 매운맛이, 알싸하게 쏘는 것 같으면서도 은은하게 진득한 단맛의 결이 층층이 느껴졌다.

　나처럼 의료적인 이유이든, 체중 감량이나 몸매 관리를 위해서든 잔뜩 굶어본 적이 있는 사람은 공감할 것이다. 섭식을 극도로 제한하면 감각이 예민해진다. 바빠서 하루 종일 뭘 제대로 못 먹은 채 잠들었다 일어나 마른입에 처음 넣고 씹어 먹는 방울토마토는 어찌 그리 풍성하고 다채로운 맛이 나는지 모른다. 과즙이 푸악 터져 나오며 입 안 가득 차는 풍미가 홍수 같다. 그 강렬한 자극에 놀라버린 혀 안쪽 양끝의 침샘이 아릴 정도이다. 그냥 오이 하나도, 맨 식빵 하나도 그렇게 예민해진 입으로 먹으면 단순하다고 생각했던 맛도 층층이 입체적으로 다가온다.

　식단을 단출하게 꾸리고, 양념을 싱겁게 해먹어 버릇할수록 오히려 느끼는 맛의 세계는 더 풍성해진다는 이야기는 유명하다. 감각의 해상도가 높아지는 것이다. 자극적인 조미료에 길들여진 사람일수록 혀가 무뎌져 점점 더 강한 맛을 찾게 된다.

　〈톡이나 할까?〉를 연출하면서 스스로 느꼈던 재미가 그렇다. 보통의 예능이었다면 왁자한 소란 속에 눈길도 못 끌었을 작은 소리와 표정들이 여기서는 생생하게 눈에 띈다. 한자리에 가만히 앉아서 말도 한마디 안 하고 서로 눈치만 보니 굶어 마른입처럼 자극의 기준이 극도로 낮아진 것이다. 아주 미세한 감정들이 극대화된다. 입꼬리가 사알짝 올라가고, 흐흥 새어 나오는 코웃음까지 하나하나 살아서 느껴지는 것은 물론이거니와 표정이라고 부를 수도 없을 눈동자 하나 굴러가는 것까지 의미를 가진다. 다문 입을 벌릴 때 붙어 있던 입술이 떨어지며 자그맣게 빳 하고 나는 소리도 고스란히 들린다.

굶다가 먹는 방울토마토처럼, 평소에는 놓쳐왔던 미세한 감정들이 살아나는 화면을 보고 있는 것은 매혹적인 일이다. 삶이 너무 소란스럽고 반복되는 일상이 특별하지 않게 느껴진다면, 불필요한 자극들을 털어내어 고요함에 머물러 보는 것도 삶을 새롭게 만끽하는 좋은 방법일 것 같다.

강렬한 감정도 한결 부담 없이 표현하세요

아, 그런데 〈톡이나 할까?〉라는 독특한 세팅에서 감정은 전혀 반대의 방향으로 펼쳐지기도 한다. 앞서 말했듯 체감하는 감정의 역치가 낮아지기도 하지만, 그래서 평소에는 느끼지 못했을 상대의 미묘한 감정이 크게 다가오는 것도 있지만, 반대로 강렬하고 과장된 감정을 표현하는 부담도 역치가 한없이 낮아진다.

무슨 뜻이냐. "꺄아아아아악!"이라든지, "엉엉엉엉!" 같은 격정적인 표현들은 실제로 목소리를 내서 표현하긴 어렵다. 일상적인 대화에서 이런 강도의 감정을 느낄 일 자체도 드물지만, 설령 그런 기분이 들었다한들 정말 저렇게 가감 없이 표현할 수 있는 사람은 더 드물다. 그래서 일상의 음성 대화는 미세한 감정들도 많이 놓치지만 격정적인 감정도 온전히 담아내지 못할 때가 많다. 하지만 문자는 훨씬 부담이 적다. '꺅꺅꺅꺅갸갸갸ㅑ갸꺅끼!!!!'이라고 자판을 두드리는 것은 목소리로 그 감정을 표현하는 것과는 비교할 수 없이 쉬운 일이지만 왠지 글자에서 소리까지 들려오는 것 같지 않은가. 어우, 시끄러워. 대부분의 사람들은 무의식중에 글자로부터 목소리를 떠올리곤 한다. 지금도 이 글을 읽는 내내 저자인 나의 목소리를 들어오지 않았는지? ······정말 들리나요?

미세한 감정, 격정적인 감정, 그 밖에 직접 목소리로 말하기 어려운 어떤 이야기들도 문자로는 부담이 줄어든다. 예의를 갖추던 상대에게 조금 쑥스럽지만 농담을 툭 던지고 싶을 때도 그렇다. 말로 하려면 적당한 톤과 표정까지 자연스럽게 동원할 수 있어야겠지만 글자로는 훨씬 쉽다. 이모티콘 하나 정도 붙여주면 더욱 쉬워지고.

마음 속 깊은 곳에 있는 농도 짙은 이야기를 꺼내고 싶을 때도 마찬가지다. 누군가에게 고민을 털어놓고 싶었던 깊은 밤, 마주보고는 꺼내지 못했을 얘기들을 장문의 문자로 남겨본 경험이 있는 사람이라면 그 마음의 무게를 잘 알 것이다. 때로 우리에겐 말하기의 다른 방법들이 필요하다.

✦ 예능이 할수있는일

다른 방식으로 말하기. 〈톡이나 할까?〉는 그렇게 말하기의 다른 방법을 보여줄 수 있는 프로그램이었다. 그렇다면 이 프로그램에서는 기존에 잘 다뤄지지 않았던 다른 '말'들도 보여줄 수 있을 것 같았다. 목소리를 쓰지 않는 토크쇼라면, 음성 언어를 쓰지 않아서 자기 이야기를 들려줄 기회가 적었던 이들도 좀 더 수월하게 출연할 수 있지 않을까. 몰랐던 세상을 보여줄 수 있지 않을까. 음성 언어를 사용하지 않는 세상에는 수어를 쓰는 농인聾人들이 있다.

보통 '청각 장애인'으로 알려져 있고 그게 특별히 잘못된 호칭은 아니라고 한다. 병이나 사고로 청각이 손상된 사람, 노인성 난청 등 후천적으로 듣는 것이 어려워진 사람은 원래 음성 언어의 세계에 살고 있었기 때문에 청각의 손실이 장애가 맞다. 하지만 태어날 때부터 수어를 모국어로 가진 사람의 세계는 다르다. 이들에게 수어는 음성 언어의 상실을 대체하는 것이 아니라 그 자체로 고유한 하나의 언어이자 문화이다. 한 예로, 한국어의 조사나 어미 변화가 만들어내는 다양한 뉘앙스를 수어는 손동작뿐 아니라 표정과 동작의 크기로도 구현한다. 손동작 하나하나를 한국어 단어로 치환하는 것은 어느 정도 가능하지만 그 표현의 뉘앙스까지 담아내는 것은 불가능하다. 언어의 체계가 전혀 다른 것이다. 때문에 장애에 초점을 맞추기보다는 사용하는 언어를 중심으로 농인, 농문화라는 호칭이 적절하다. 반대로 소리가 들리는 사람들은 흔히 알려진 '비장애인'이란 말 대신 '청인聽人'이란 호칭을 쓴다. 그러니까 청인들에게 수어는 한국어의 하위 분류가 아니라 아예 다른 문화권의 언어, 외국어이다.

영어권 출신의 사람이 아무리 한국어를 잘해도 영어만큼 편하지는 않듯, 음성 언어를 문자로 옮겼을 뿐인 한글도 농인들에겐 여전히 외국어이다. 〈톡이나 할까?〉의 문자 대화도 소리 없이 볼 수 있었을지언정 수어만큼 편하지는 않았을 것이다. 질병관리청의 주요 브리핑 등에 화면해설 자막 말고도 수어 통역이 필요했던 이유다. 나도 이 사실을 프로그램을 만들면서 비로소 이해했다. 어릴 적 교회에서 파편적으로 '수화'를 배울 때는 몰랐던 사실이다.

하지만 수어를 전혀 모르는 청인들이 농인과 대화할 때는 문자 대화도 요긴한 수단이 된다. 배낭 여행지의 호스텔에서 온갖 나라 출신의 외국인들과 만났을 때, 서로의 언어는 모르지만 짧은 영어로 나누는 대화만으로도 충분히 즐거울 수 있는 것처럼. 더불어 비교적 윗세대 농인들은 수어가 아닌 언어를 쓸 기회가 적었기 때문에 한국어 문장을 구사하는 방식도 청인들과 차이가 있었지만, 시대가 변하고 디지털 매체에서 문자를 쓸 일이 급격히 많아지면서 젊은 세대 농인들은 문자 언어도 수어 못지않게 자연스럽게 구사하는 편이라고 한다. 덕분에 〈톡이나 할까?〉에서는 농인 게스트들도 훨씬 편안하게 출연할 수 있었다.

그렇게 처음 섭외했던 게스트는 국민토끼로 알려져 있는 캐릭터 '베니'의 구경선 작가였다. 동글동글 솔직한 매력의 하얀 토끼 '베니'는 싸이월드 시절부터 스킨 속 인기 캐릭터였고, 최근에는 카카오톡 이모티콘으로도 판매 상위권을 점하고 있다. '베니'라는 이름은 몰라도 캐릭터를 보면 "아, 이 토끼!" 하는 이가 많을 것이다. '베니'의 창조자 구경선 작가는 농인이다. 들리지 않는 자신을 대신해 세상의 소리들을 많이 듣고 다니라고 귀가 큰 토끼를 그렸다고 한다.

꼭 그의 장애 이야기를 다루지 않더라도, 카톡으로 대화하는 프로그램인 만큼 인기 이모티콘 작가는 충분히 좋은 게스트였다. 이 프로그램에서는 그도 다른 출연자들과 똑같은 방식으로 대화할 수 있다. 구경선 작가 역시 "이 프로그램이라면 동등하게 출연할 수 있을 것 같다"라며 섭외에 응해주었다. 실제로 그를 섭외하러 찾아간 미팅 자리에서 우리는 카톡으로 대화를 나누었고, 그의 정확한 맞춤법과 섬세한 문장 구사력 말고 다른 차이는 느낄 수 없었다. 카톡창 속에서 농인과 청인의 구분은 무의미했다. 그건 실제 방송에서도 마찬가지였는데, 인터넷 곳곳에 올라온 감상 중에 특별히 그가 농인이란 사실에 집중하는 반응은 많지 않았다. 온통 '베니' 이야기뿐이었다. 세상엔 말하기의 다른 방법들이 많이 있다.

어떤 자막은 도움이 되지 않는다

사실 구경선 작가 편을 만들 때까지만 해도 수어 자체에 대해서는 깊이 고민하지 않았다. 그는 작가인 만큼 문자 언어를 능숙하고 아름답게 구사하는 게스트였고, 그래서 특별히 수어를 통역해 소통할 필요성을 느끼지 못했기 때문이다. 수어가 음성 언어와 본질적으로 다른 언어라는 것을 제대로 체감하게 해준 게스트는 '핸드스피크'였다.

'핸드스피크'는 농인예술전문기획사로, 농인들로 이루어진 소속 아티스트들이 수어로 춤, 노래, 연기 등 다양한 퍼포먼스를 펼친다. 구경선 작가는 '베니'의 작가라는 사실이 제일 먼저 눈에 띄기 때문에 크게 고민할 필요가 없었지만, 타이틀부터 '농인예술'이라는 이름이 전면에 나와 있으면 예능 PD로서는 어쩔 수 없이 고민이 생긴다. 사람들은 감상할 장르에 따라 태도를 선택하기 때문이다. 예능은 즐겁고 싶을 때, 안 그래도 복잡한 세상에서 생각하는 노력은 잠시 접어두고 한껏 나태해지고 싶을 때 주로 본다. 익숙하지 않은 소재를 다루는 다큐멘터리나 시사 콘텐츠를 보는 이들은 또 다른 종류의 호기심, 혹은 세상에 대한 관심이라는 에너지가 있는 이들이다. 마음에 여유가 없고 피곤할 땐 그런 것도 눈에 잘 안 들어온다. 그러니 예능으로 분류되는 〈톡이나 할까?〉에 '장애'나 '농인'이 전면에 등장하면 보지도 않고 외면받을 가능성이 커진다. 어쩔 수 없는 콘텐츠의 숙명이다.

하지만 섭외를 위해 '핸드스피크'의 자료를 찾아볼수록 그런 우려는 잦아들었다. 이들의 퍼포먼스는 그 자체로 멋졌다. "농인예술이 아니라 그냥 예술로서 멋졌다" 같은 식상한 말을 하기엔, 실은 농인예술이라서 더 멋있었다. 수어를 쓰는 농인이 아니면 할 수 없는 종류의 표현들이었다. 이전에는 느껴본 적 없는 종류의 감각이라 신선한 충격이 찾아왔다. 이 느낌은 이 퍼포먼스를 봐야 이해할 수 있겠구나. 말로는 설명이 안 된다. 당연하지, 그 말이 그 말이 아닌데.

그래서 그동안 다른 게스트들과는 주로 이야기를 나누고 들었다면, 이번엔 이 퍼포먼스를 보여주는 데 집중해야겠다고 생각했다. 예능이지만 "농인이 수어로 랩을 하면 어떤 느낌일까?"라는 질문은 충분히 궁금해서 보게 만드는 힘이 있을 거라고 생각했다. 궁금함은 재미의 가장 중요한 요소다.

김이나 씨도 촬영장에서 외쳤다. "궁금하게 만들면 다 한 거예요, 예술가는!"이라고. 카톡으로.

촬영 당일 '핸드스피크'의 아티스트들은 김이나 씨가 작사하고 이선희 씨가 부른 '그중에 그대를 만나'를 수어로 표현하는 공연을 보여주었다. 공연을 보며 내가 받은 이 묘한 느낌을 어떻게 잘 전달할 수 있을까 고민하다가, 처음에는 노래의 가사 자막과 수어 동작을 직역한 자막을 함께 두 줄로 넣으려고 했다. '별처럼 수많은 사람들'이란 가사 아래 '별, 같다, 많다, 사람'처럼 동작의 의미를 직접 해석하는 자막도 넣는 것이다. 그럼 수어를 전혀 모르는 사람도 이 퍼포먼스를 조금이나마 더 잘 이해할 수 있지 않을까 싶어서. 그런데 아티스트의 수어에 맞춰 직역 자막을 하나씩 배치하다가 깨달았다. 번역은 이미 노래 가사로 충분하구나. 이렇게 직역할 수 있는 언어가 아니구나. 노랫말의 감정을 표현하는 풍부한 동작과 표정을 단순히 기계적인 어휘로 옮기다 보니 오히려 수어의 결을 다 깎아내 납작하게 만드는 것 같았다. 그제야 수어와 음성 언어의 체계가 완전히 다른 개념이라는 사실이 실감났다. 결국 직역 자막은 방송에 넣지 않았다. 퍼포먼스는 변함없이 감동적이었다.

수어에 대한 이야기를 본격적으로 들려준 이는 '핸드스피크'보다 앞서 출연했던 또 다른 게스트 이길보라 감독이었다. 다큐멘터리 감독이자 저술가로 활발하게 활동하고 있는 그는 농인 부모에게서 태어난 청인 자녀이다. 두 언어 세계 사이의 교감을 잘 설명해줄 수 있는 게스트라고 생각해 섭외했었다. 부모는 소리가 들리지 않지만 자녀는 들리는, 이런 이들을 부르는 이름이 심지어 따로 있다. 코다^{CODA, Children Of Deaf Adults}. 농인 부모의 자녀. 앞에 설명한 말을 그대로 영어로 옮긴 약자이다. 부모가 농인일 뿐 본인은 다른 청인들과 크게 다를 게 없을 텐데 왜 굳이 따로 부르는 이름까지 있을까? 녹화 중에 김이나 씨도 물었던 질문이다.

 사람이 태어나 처음 세상을 배우는 대상은 당연히 부모다. 여기서 '세상'이란 말에는 거의 모든 것이 포함된다. 감정, 생각, 관계, 세상을 보는 눈, 그가 속한 사회의 문화, 그리고 무엇보다 언어. 청인 부모에게서 태어난 청인 자녀들은 처음부터 부모의 말을 그대로 배우고 그 말로 세상을 살아간다. 하지만 농인 부모에게서 태어난 청인 자녀, 코다들에게 첫 번째 언어는 수어다. 이들은 음성 언어가 없는 세상에서 태어난다. 눈으로 세상을 배우고, 손으로 옹알이를 한다. 그렇게 수어로 첫 세상을 배우지만 자라면서 음성 언어의 세상, 청인들의 세계에 합류해 살아간다. 다른 청인들 속에 섞여 있으면 남들 눈에는 똑같아 보이지만, 이들은 물려받은 부모의 세계와 자신이 살아가야 할 청인들의 세계 사이에서 괴리를 경험한다. 그렇다고 자신에게 명시적인 장애가 있는 것은 또 아니라서 이러한 괴리를 표현할 적절한 말을 찾지 못한 채 부유하고 있을 때, 마침내 만난 '코다'라는 단어 앞에서 당사자들이 느꼈을 명료한 반가움을 상상해본다. 아, 이걸 가리키는 말이 있었구나. 이길보라 감독은 바로 그 코다로서 출연해, 수어의 세계를 청인의 언어로 들려주었다.

그는 두 세계 사이에 존재하는 사람으로서 때때로 접하는 청인들의 무심함에 대해서도 이야기했다. "미국 사람을 만나면 어떻게 해야 하는지, 프랑스 사람을 만나면 어떤 행동을 해야 할지 미국인과 프랑스인에게는 묻지 않는●" 반면, 농인들에겐 농인을 만나면 어떻게 해야 하는지 물어온다고. 그 말을 들으면서는 사실 좀 의아했다. 아마 감독 본인은 서로 다른 세계 사이를 교차하는 일에 익숙하고 10대 시절에 혼자 8개월 동안 세계를 여행할 만큼 대범한 사람이라 그렇게

●　이길보라, 『당신을 이어 말한다』, 동아시아, 2021

느꼈을지 모르겠지만, 사실 우리 대부분은 미국인에게도 프랑스인에게도 자주 묻는다. 혹은 본인에게 직접은 아니더라도 코다처럼 그 세계를 잘 이해하고 있는 이에게, 그러니까 미국이나 프랑스 척척박사들에게 묻는다. 어떻게 행동해야 하는지, 무엇이 실례이고 무엇이 호감을 사는 행동인지. 프랑스에서는 트림이 주방장에 대한 찬사라든지, 혹은 미국에서 손등을 앞으로 보이며 '브이' 자세를 하면 총을 맞는다든지 하는 종류의 확인되지 않은 낭설들이 지치지도 않고 계속 새롭게 만들어지는 것도 다 그런 질문들의 산물이다. 두렵고 낯설기 때문이다. 내가 익숙하게 살아온 곳과 전혀 다른 세상에서 무례하거나 바보 같은 사람이 되고 싶지 않으니까. 잘 보이고 싶으니까.

그럼에도 미국과 프랑스에 대한 질문이 부쩍 줄어들고 있는 것은 사실이다. 그건 아마 우리가 과거보다 미국과 프랑스에 대해 더 많이 알게 되었기 때문일 것이다. 해외여행은 보편화되었고 외국을 다루는 미디어는 이제 너무 흔하다. 『먼 나라 이웃나라』만이 유일한 돌파구였던 시절은 한참 전에 지났다. 이제 미국과 프랑스에 대해서는 미국인과 프랑스인에게 직접 묻지 않아도 참고할 수 있는 것들이 너무 많다. 더 자주 보고 만나는 것, 그게 가장 중요하지 않을까. 농인들과 더 자주, 당연하게 만나는 세상이라면 이길보라 감독이 책 속에서 무심하다고 언급한 그런 질문들도 조금씩 사라지게 될 것이다. 청인인 내가 〈톡이나 할까?〉를 만들며 수어에 대해 조금씩 더 알아갔던 것처럼.

"그냥 이렇구나, 끝. 이래도 만족이에요"

사실 예능이 할 수 있는 역할은 딱 그 정도까지인 것 같다. 수어에 대해 많은 고민을 한 것처럼 썼지만 〈톡이나 할까?〉는 끝났고, 다른 프로그램을 만들기 시작하면 나는 또 새로운 질문들에 매몰될 것이다. 〈톡이나 할까?〉는 마침 수어와 농인의 세계를 소개하기에 적절한 포맷이었고, 그건 프로그램에게도 도움이 되는 일이었다. 내게도 몰랐던 영역에 대한 아주 잠깐의 성찰이었을 뿐이다. 그 이상의 무엇으로 이어질 것인가는 내 하기 나름이겠지.

PD가 되기 전 10대 시절부터 나는 또래에 비해 사회문제에 관심이 많은 편이었고, 그중에서도 빈곤이나 소외와 관련된 이야기들을 중요하게 생각했다. 내가 나고 자란 동네는 지역 정비사업으로 흔적도 없이 싹 밀릴 만큼 가난한 곳이었고, 나 스스로가 학창 시절 내내 학비 면제 대상이었으니 남의 일도 아니었다. 그래서 이런 문제들을 다루는 책이나 기사들을 많이 찾아 읽고, 많이 울었고, 해결하고 싶었고, 당장 할 수 있는 일들을 하고자 했다. 대학 시절엔 교회에서 여러 프로젝트를 진행하며 난치병 환자들을 지원하는 치료비를 마련하거나 케냐에 우물을 파러 가거나 부르키나파소에 도서관을 지어주기도 했다. 그랬던 내가 예능 PD가 되었을 때 사람들은 축하와 동시에 의문을 표했다. 응? 너 시사교양 PD 되는 거 아니었어?

예능이 할 수 있는 일이 있다고 생각한다. 나도 다큐멘터리 좋아하고 시사교양 좋아한다. 솔직히 여가 시간에는 예능보다 다큐를 더 많이 본다. PD 일을 하면서 알게 된 존경스러운 선배들 중에는 예능 PD도 물론 많지만 기자들, 시사교양 PD들도 참 많다. 이들은 정말 중요하지만 가려진 사회의 단면들을 나서서 찾아내고 치열하게 알린다. 이들의 활약을 보면서 느낀 건데, 이런 시사 콘텐츠들을 찾아보는 사람들은 그걸 안 봐도 원래 사회에 관심이 많더라. 몰랐던 세상 속 목소리를 시사교양 콘텐츠로 알게 되면 좋으련만, 비교적 그런 목소리를 원래 열심히 찾아다니던 사람들이 더 많이 알고 싶어서 본다.

가려진 세상을 알리려면 실은 궁금하게 만드는 게 제일 어렵다. 그러니까 시사프로가 다루는 내용을 내가 몰라서, 궁금해서 찾아보는 사람들은 이미 가장 어려운 단계를 넘어선 사람들이다. '모른다는 사실도 모르고 있는' 사람을 궁금하게 만드는 것이 제일 어렵다. 그러려면 예정에 없이 마주쳐야 한다. '어, 이게 뭐지?' 하는 순간은 힘이 있다. 시사교양 프로그램은 머리가 아프다고 생각하는 사람들이 편하게 예능을 봤는데, 거기서 전혀 몰랐던 어떤 세계를 부드럽게 마주치게 된다면 그게 예능이 할 수 있는 역할 아닐까.

아, 오해하지 않았으면 한다. 예능의 본질은 유희다. 위무다. 예능을 보는 사람들은 거기에서까지 가르침을 듣고 싶어하지 않는다. 그래야 할 필요가 있는 것도, 그게 더 가치 있는 것도 아니다. 아무 생각하고 싶지 않을 때 마음껏 나태해질 수 있도록 걱정을 덜어주는 것이 예능의 역할이다. 낄낄낄 배 잡고 한바탕 웃게 만들 수 있다면 최고다. 멍석 깔아놓고 누군가를 웃기려 노력해본 사람이 있다면 알 것이다. 사람을 웃게 만드는 것은 정말 어렵고 위대한 일이다.

다만 그러려고 존재하는 예능이 마침 사람들이 무심코 지나치는 어떤 것, 하지만 알게 되면 좋을 어떤 것을 소개하기에 어울린다면, '이런 것도 있어요, 이런 세계도 있어요' 하고 한 번씩 넌지시 말을 건네는 정도는 괜찮지 않을까. 그리고 그 세계가 나와 연결되어 있었다는 것을 알게 된다면, 실은 전혀 다른 세계가 아니었다는 것을 발견한다면 그것도 하나의 '재미'라고 부를 수 있지 않을까. 우리는 결국 서로 다 연결된 세상에 살고 있는 것을.

같은 말을 〈톡이나 할까?〉에 출연했던 주호민 작가도 들려주었다. 차기작으로 발달장애가 있는 아들의 이야기를 준비한다고 이야기하는 중이었다. 작가 자신도 아들이 남들과 다르단 사실을 알기 전까지는 전혀 몰랐던 세계라고, 그 세계를 만화로 그려 소개하고 싶다는 이야기였다. 김이나 씨가 그게 어떤 마음인지, '사람들이 평온해졌으면 좋겠다는 마음이 있는 것인지'를 묻자 그가 한 대답이 마음에 오래 남았다.

"아뇨, 그냥 이렇구나, 끝. 이래도 만족이에요."

생각에도 로케이션이 필요하다

여기 두 개의 장소가 있다. 하나는 한적한 한강 둔치. 버스킹 하러 나온 뮤지션과 자전거 타는 시민들이 보이고, 아이를 동반한 가족들이 여유롭게 누워 있다. 다른 하나는 정갈한 테이블과 의자만 딱 놓여 있는 쾌적하고 조용한 회의실. 처음 보는 사람과 한두 시간 함께 머물면서 가볍게 이야기를 나눠야 한다면 어느 쪽을 선택하겠는가? 추임새 하나 놓치지 않는 집중력으로 상담이나 심문을 해야 한다면 당연히 회의실로 가야겠지만, 아마 대부분은 한강 쪽이 편할 것이다. 이야깃거리가 눈앞에 가득하기 때문이다. 처음 보는 사람과는 공통의 화제를 찾아나가야 하는데, 변화무쌍한 풍경이 눈앞에 펼쳐진다면 화제를 주워 담기도 훨씬 수월하다. 저 사람 버스킹 잘하네요. 저 강아지 너무 귀엽지 않아요? 저 자전거 타는 거 좋아하거든요. 한강 오니까 라면 먹고 싶어요. 행여 말이 잠시 비더라도 들리고 보이는 게 많으면 정적의 무게가 그럭저럭 견딜 만하다. 이야기를 품은 공간은 대화에 윤기를 더한다.

〈톡이나 할까?〉는 로케이션이 대단히 중요한 프로그램이었다. 사실 토크쇼는 보통 잘 갖춰진 스튜디오를 꾸려놓고 안정적으로 촬영하지 여기저기 돌아다니며 찍는 경우는 별로 없다. 마주앉아 나누는 이야기가 내용의 전부니까 공간은 출연자들이 차분하게 서로 집중할 수 있으면 되고, 무엇보다 출연자들의 '말'을 깨끗하게 녹음할 수 있는 환경이 중요하다. 그러려면 통제할 수 없는 외부 변수가 많은 로케이션보다는 모든 조건이 촬영을 위해 맞춰진 스튜디오가 제격이다.

하지만 〈톡이나 할까?〉에서는 카톡이라는 도구가 가진 일상성이 돋보였으면 했다. 유명인들이 지인과 나눈 카톡의 캡처 이미지가 인터넷의 저물지 않는 인기 콘텐츠인 것도 카톡의 일상성이 큰 이유이다. TV 속에 등장하는 화려한 연예인들은 왠지 우리와 다른 세계에 살고 있는 것 같은데, 캡처를 보면 그들도 우리랑 똑같은 카톡을 쓰고 있다. 우리처럼 이상한 카톡 말투가 있고, 즐겨 쓰는 이상한 이모티콘이 있으며, 카메라 밖에서 가족, 친구와 아주 일상적인 언어로 이야기를 나눈다는 사실을 확인하면 그 모든 거리감이 단번에 사라진다. 제아무리 리얼함을 강조하는 관찰 예능이라 해도 어딘가 카메라가 숨어 있는 이상 촬영 중이라는 사실을 의식할 수밖에 없는데, 진짜 일상에서 나눈 카톡 대화의 캡처는 어쩌면 유일하게 볼 수 있는 유명인들의 날것 그대로의 모습이다.

그런 카톡으로 대화하는 프로그램인 만큼 배경도 일상적인 곳이어야 했다. 잘 갖춰진 스튜디오는 그 자체로 비일상의 공간이다. 머리부터 발끝까지 완벽하게 세팅된 출연자가 최적의 밝기로 비추는 조명 아래서, 카메라에 얼굴이 잘 잡히도록 각자 카메라 쪽으로 약간 비스듬하게 마주 앉아 이야기를 나눈다. 일상에서 그런 각도로 앉아 이야기하는 사람은 없다. 보고 있는 시청자도 이게 모종의 허구라는 사실을 잊을 수가 없고, 무엇보다 출연하는 당사자 역시 촬영 중이라는 사실을 끊임없이 자각하게 된다.

하지만 〈톡이나 할까?〉에선 테이블 하나를 두고 가까이 마주앉아, 자그마한 핸드폰 하나와 상대 얼굴만 번갈아가며 쳐다보니 참여하는 사람의 시야도 좁다. 그래서 현장을 가득 채운 카메라도, 스태프도 점차 눈에 안 들어오고 촬영 중이라는 사실도 종종 잊어버린다. 출연자가 "아, 촬영 중인 걸 자꾸 까먹게 되네요"라고 얘기할 때마다 카메라 뒤의 나는 만족스러운 미소를 짓는다.

촬영지 맛집, <톡이나 할까?>

일상적인 공간들을 프로그램의 배경으로 삼기로 한 만큼 기왕이면 이야깃거리가 있는 공간들, 그것도 게스트의 이야기와 만나는 공간들을 찾으려 했다. 말소리가 없으니 그 어떤 프로그램보다 시각적인 정보들이 더 중요했고, 출연자 등 뒤로 보이는 풍경들까지도 이야기의 일부로 써먹어야지 그저 배경으로만 존재한다면 낭비라고 느껴졌다. 그 정도로 <톡이나 할까?>에서는 로케이션이 또 하나의 게스트나 마찬가지였다. 덕분에 제작하는 1년여 동안 서울 일대의 특색 있는 공간들은 다 찾아다녔던 것 같다.

예를 들어 박보영 배우가 출연했던 첫 회에서는 이 프로그램의 이미지를 한눈에 각인시키고 싶었다. 앉아있는 출연자들의 머리 위로 시원하게 뚫린 푸른 하늘을 세로로 긴 화면 속에 가득 채우고, 다시 그 위로 두 사람의 카톡 메시지가 차곡차곡 쌓이는 모습을 보면 한 방에 '아, 이건 이런 프로그램이구나' 느낄 수 있을 것 같았다. 그래서 하늘이 커다랗게 펼쳐진 한남동의 루프탑 카페를 찾았다. 어깨 너머로 보이는 까마득한 도시의 풍경은 덤이었다.

건축가 유현준 교수와의 촬영에서는 우리 삶을 둘러싼 도시와 그 도시가 우리 삶에 미치는 힘에 대해 이야기하고자 했다. 그러려면 앉아서 고개만 들어도 눈길 닿는 곳마다 도시의 이야깃거리가 어우러지는 곳을 찾아야했다. 전망 좋은 호텔이며 식당들을 쫓아다니다가, 창신동 언덕 위에 자리 잡은 카페를 발견했다. 서울 시내가 잘 보이는 거야 높은 지대 전망 좋은 곳이면 어딜 가나 비슷하겠지만 이곳의 풍경은 조금 달랐다. 카페가 자리한 낙산 언덕의 능선을 따라 낙산성곽이 길게 가로지르고 있는데, 성곽 너머로는 종로의 고층 빌딩들이, 안쪽으로는 창신동의 오래된 저층 주거 지대가 자리하고 있어서 양쪽의 풍경이 확연히 달랐다. 조선의 건축물과 1970년대 고속 성장의 명암, 2000년대 이후 동시대의 서울까지 켜켜이 쌓인 시간의 결이 한 프레임 안에 들어오는 것이다. 고개를 살짝 돌리면 서울에서 가장 구설수가 많았던 건축물인 동대문디자인플라자와 남산타워까지도 한눈에 볼 수 있으니 도시와 건축에 대해 대화를 나누기에 이만한 곳이 없었다.

유현준 교수 편이 방송되고 나서 유독 촬영지를 궁금해 하는 사람들이 많았는데, 이런 식으로 로케이션마다 나름의 이유를 열심히 찾다 보니 언제부턴가 〈톡이나 할까?〉 촬영지'가 검색 키워드로 등장하기 시작했다. MC인 김이나 작사가에게도 주변에서 '거기 어디냐'고 물어오는 사람들이 갈수록 늘었다고 한다. 답사를 가서 촬영 문의를 하면 프로그램을 알아보고 반겨주는 사장님들도 자꾸 생겼다. '촬영지 맛집 방송'이 된 거다. 덕분에 촬영 협조를 구하는 게 걱정했던 것보다 수월한 경우도 있었다. 이래서 잘되는 게 중요하구나. 다른 게 아니라 일을 좀 더 매끄럽게 하기 위해서라도 역시 잘 나가야 하는가 보다. 대박 PD 돼야지, 불끈.

틀 안에서 생각하기

〈톡이나 할까?〉의 독특한 설정 안에서 공간의 일상성을 살리는 로케이션에는 다른 방식도 있었다. "같은 공간에 있는데 왜 군이 카톡으로 이야기하느냐"라는 질문은 기획 때부터 끊임없이 들었는데, 생각해보면 일상에서도 같은 공간에 있으면서 카톡으로 이야기하는 순간들이 제법 있다. 수업시간에 선생님 눈을 피해 몰래 수다를 떨 때도 카톡을 쓰고, 회의실에서 부장님 눈치를 보며 일하는 척 카톡을 주고받을 때는 〈톡이나 할까?〉처럼 의미심장한 눈길까지 교환한다. 일상에서 카톡으로 얘기할 수밖에 없는 상황들을 촬영지에도 반영할 수 있으면 재미있을 것 같았다.

마침 게스트로 광희 씨가 섭외되었을 때는 이거다 싶었다. 소란하고 활기찬 말투와 와자지껄하면서도 유쾌한 추임새가 인장印章과도 같은 게스트인 만큼 말을 못 하는 상황이 되면 답답하고 곤란해 하는 모습이 재미있을 것 같았다. 사람들이 조용히 책을 읽는 분위기의 책방을 섭외했다. 책 읽는 사람들의 눈치를 살피며 몰래 카톡으로 대화해야 하는 세팅. 물론 진짜 손님들 사이에서 촬영할 수는 없으니 그 역시 섭외한 연기자들이었지만.

광희 씨가 답답해 하는 모습이 재미있을 거란 기대는 어긋났다. 촬영이 시작되고 처음 몇 번은 큰소리를 낼 뻔 했지만, 이내 차분한 분위기에 적응해 편안한 대화가 이어졌다. 기대가 어긋나 촬영이 잘 안 풀렸느냐면 그건 또 아니다. 다른 방송에서는 늘 쾌활한 모습만 보여주던 그가 처음 보여주는 세심한 모습들을 만날 수 있었다. 〈톡이나 할까?〉만의 독특한 분위기와, 능숙하게 마음속을 슬쩍 들춰내는 김이나 작사가의 힘이 만난 덕분이었다.

그 밖에도 현악 사중주가 펼쳐지고 있는 클래식 공연장이라든지(배우 박은빈 편), 재즈밴드가 공연 중인 소란스러운 맥주집의 로케이션도 있었다(배우 박하선 편). 둘 다 소리 내서 대화하기보다는 카톡으로 대화하는 쪽이 더 그럴 듯한 이야기로 이어지는 공간이었다. 보통은 촬영 후에 편집실에서 배경음악을 삽입하지만 현장에서 직접 연주되는 음악이 화면과 어우러지며 만드는 분위기는 색다른 매력이 있었다.

모두 '카톡의 일상성'이라는 요소에서 출발해 생각지도 못한 곳에 도착한 장면들이었다. 프로그램을 시작할 때 처음 꽂혔던 발상은 '카톡을 마주보고 앉아서 하면 새롭고 미묘한 기분이 들지 않을까?' 하는 정도였지만, 그 발상으로 구획을 지어놓고 그 속에서 구체적인 사례들을 고민하다 보니 처음 예상을 훌쩍 뛰어넘는 매력들을 만날 수 있었다. 새로운 아이디어를 고민할 때 제한 없이 자유로운 발상은 별로 도움이 되지 않는다. 오히려 울타리를 치고 경계를 만들어 놔야 운신의 폭이 명확해지고 비로소 실체가 있는 아이디어가 고개를 든다. 끝이 보이지 않는 들판에서 뛰어놀라고 하면 어디에 가서 어떻게 놀아야 할지 막막하지만, 딱 테니스 코트 크기만큼 라인을 그려주면 오히려 그 안에서는 훨씬 재밌게 놀 수 있다. 내가 어디까지 써먹을 수 있고 어디서부터는 나가면 안 되는지 알고 노는 편이 더 스릴 있으니까. 생각에도 로케이션은 중요하다.

매주 촬영지를 하나씩 정할 때마다 적게는 서너 곳에서 많게는 일고여덟 곳씩 답사를 갔으니, 한창 때는 정말 서울의 핫 플레이스 가이드를 시켜도 너끈히 했을 거다. 지금도 어디 좋다는 곳들을 지나갈 때마다 반사적으로 '아, 여기 답사

왔던 곳인데'가 튀어나오는 바람에 옆에 있는 사람 지겨울까 봐 의식적으로 억누르고 있다. 〈톡이나 할까?〉가 나에게 남긴 또 다른 유산이다. 서울엔 정말 예쁜 곳이 많다. 일 말고 놀러 가보고도 싶은데 언제 다 가보지.

박수칠 때 못 떠난다, 원래는

카카오TV 출범과 함께 시작했던 꽤 많은 프로그램들이 막을 내리는 동안에도 꾸준히 살아남아 1년 넘게 순항하던 〈톡이나 할까?〉에도 별안간 종영 소식이 들려왔다. 1년 사이에 채널의 성격이나 전략도 많이 달라졌고, 그에 맞춰 새로운 프로그램의 기획이 필요해진 것. 여전히 이목을 끄는 중이었고, 쟁쟁한 연예인들로부터 먼저 출연하고 싶다는 제안도 꾸준히 이어지는 중이었기에 갑작스러운 종영 소식은 당연히 아쉬웠다. 주변에 알리자 곳곳에서 "그걸 지금 왜 끝내?" 하는 반응이 이어졌다. 그런 얘기를 듣고 있으니 이렇게 박수받고 있을 때 막을 내리는 것도 예능 프로그램으로서는 큰 복이라는 생각이 들었다. 예능이 끝날 때는 이런 얘기를 들을 일이 별로 없으니까. 보통은 "그래, 그거 이제 끝날 때 됐지" 하는 반응과 함께 문을 닫는다.

오디션 프로그램처럼 우승자의 탄생과 함께 프로그램이

끝나는 종류의 예능도 있고 요즘에는 처음부터 끝을 정해놓고 시작하는 시즌제 예능도 많이 늘어나고 있지만, 여전히 예능 프로그램의 기본 값은 정규 편성, 즉 '레귤러regular'다. 레귤러 예능은 한 번 시작하면 정해진 요일에 정기적으로 방송되고 언제 끝날지는 아무도 모른다. 우리가 '예능' 하면 가장 먼저 떠올릴 법한 대표적인 이름들, 〈무한도전〉이며 〈1박 2일〉, 〈런닝맨〉, 〈나 혼자 산다〉 등만 해도 다들 10년 이상 혹은 그 가까이 방송을 해왔고 〈무한도전〉을 빼면 아직도 한창 사랑받는 현역들이다. 이게 모범적인 레귤러다. 대박이면 말할 것도 없고 시청률이 소소하게 잘 나오는 수준이어도 어지간하면 계속 가게 둔다. 채널 이미지를 대대적으로 바꾸는 큰 개편이 아닌 이상 예능이 문을 닫는 경우는 시청률이 빠지고 빠져 '퇴물' 소리를 듣게 될 때다. 그마저도 이렇게 저렇게 연명 조치도 해보고 CPR도 해봤지만 도저히 회생이 불가능하다는 판정까지 받고 난 뒤일 때가 많다. 그러니 어디 박수 받으며 떠나는 분위기이겠는가.

그럴 수밖에 없는 것이, 예능은 가성비가 좋다. 똑같이 한 시간 편성을 채워주고 광고를 팔아주는데 편 당 제작비가 드라마의 절반에서 10분의 1수준이다. 심지어는 제작비가 몇 배 더 들어간 드라마보다 시청률이 잘 나오는 경우도 많다.

해외 OTT들이 경쟁적으로 제작비를 키우는 바람에 이제 방송사 내부에서 드라마는 '만들면 손해'라는 말까지 나온 지오래다. TV의 주 수익원인 광고시장은 점점 작아지는 와중에 시청자 눈높이를 따라가느라 제작비는 자꾸 커지는데, 그렇게 무리해서 만들어 놓으니 대박이 나도 적자를 면치 못한다. 그 자리에 예능을 편성하면 설령 망해도 돈은 훨씬 아끼는 셈이고, 심지어 잘 되면 몇 년짜리 든든한 곳간 하나가 생기는 것이다. 드라마는 세 달이면 끝나는데.

이렇다 보니 웬만큼 시청률이 나오는 예능은 절대 끝내지 않는다. 소소해도 확실하게 수익을 보장해주는 우량주를 포기할 이유가 없으니까. 한 번 자리를 잡으면 우리고 또 우려내 어렴풋한 향만 남을 때까지 끓여 마시는 티백처럼 마지막까지 그 몫을 다한다. 게다가 수명이 다했다는 판단이 서도 진짜 끝낼 때까지는 시간이 걸린다. 방송은 연속성의 아날로그. 그 자리를 채워줄 후속 프로그램의 준비 시간을 벌어줘야 한다. 이미 사망 선고는 내려졌는데 그 상태로 한참을 더 버티다 퇴장하는 것이다.

그래서 예능의 종방연 자리는 잔칫집보다는 상갓집 분위기에 가까운 경우가 많다. 그나마 좋게 끝나도 왁자지껄한 호상 분위기 정도 될까. 쓸쓸하다는 사실은 변하지 않는다.

16부작이면 16부작, 20부작이면 20부작, 정해진 끝을 맞는 드라마는 종방연 자리에서도 서로 격려할 명분과 힘이 있다. 하지만 단물이 빠지고 빠져 시청자들에게서도 "이제 그만해라, 문 닫아라" 소리를 한참 듣다가 끝을 맞이하는 예능의 종방연은 어쩐지 좀 울적하다.

물론 고작 1년 3개월 만에 끝나는 〈톡이나 할까?〉는 아직 그런 말을 들으면 안 되는 시기이긴 했다. 때 이른 종영의 서글픔을 달래기 위해 '결별이 이룩하는 축복'을 욕심냈을 뿐이니 너무 새삼스럽게 생각지는 말아주길 바란다.

나는 쿨하지가 못해서

내 주변만 해당하는 것일 수도 있지만, 예능 PD들은 기본적으로 '쿨'하고 싶어 하는 경향이 있다. 분위기가 조금만 진지해지면 간지러워하면서 어떻게든 농담으로 한 번 '꺾어주고' 싶어 한다. 세상에 묵직하게 의미를 부여하기보다는 오히려 어려운 문제도 스윽 가볍게 만들어서 대수롭잖게 느끼도록 하는 재주가 있다. 예능 PD들의 이런 면을 참 사랑한다.

하지만 이런 사람들이다 보니 프로그램이 끝날 때도 뭘 특별히 하는 법이 드물다. 몇 년씩 이어졌던 방송이어도 여느 때와 똑같이 만들고는 맨 끝에 가서야 MC의 작별 인사와 함께 '시청해주셔서 감사합니다' 하는 자막 정도 넣는 게 전부다. 마지막을 성대하게 꾸미는 건 왠지 '우리 그동안 이렇게 잘했다'라며 자화자찬이 되기 마련이니까. 다른 사람이 해주면 모를까, 자기가 연출하면서 자기 손으로 마지막을 그렇게 장식하긴 좀 그렇지. 그런 게 성정에 안 맞는 사람들이 유독 이쪽에 많은 것 같다.

하지만 나는 쿨하지가 못해서, 조연출 시절에도 애정을 바쳤던 프로그램의 마지막이 그렇게 싱거울 때는 내심 아쉬웠다. 짜잔, 세월이 흘러 그 쿨하지 못했던 조연출은 이제 자기 프로그램을 가진 메인 PD가 되었고, 메인 PD는 뭐든지 마음대로 할 수 있다.* 그래서 〈톡이나 할까?〉의 마지막은 마지막답게 꾸미고 싶었다. 그렇다면 마지막 회의 게스트는 진행자 김이나 본인이 되는 게 가장 의미 있을 것 같았다.

마침 카톡에서 매번 사용하지만 그 이름은 한 번도 꼼꼼히 보지 않았던 메뉴의 이름이 눈에 들어왔다. 내가 내 계정으로 카톡을 보내는 기능. 다들 메모장이나 파일 저장용으로 사용하고 있어서 신경 쓰지 않았겠지만, 그 기능의 이름이 '나와의 채팅'이었다. 이렇게 보니까 되게 의미심장한 이름

---

* 아니다.

이잖아? 그래서 마지막 회의 제목은 '나와의 채팅'. 김이나 작사가도 '나와의 채팅'을 하고 마지막 회이니만큼 시청자들에게도 과거의 자신에게 보내는 '나와의 채팅' 메시지를 보내달라고 부탁했다.

그럼 MC 김이나는 어떻게 게스트로 등장해 '나와의 채팅'을 할 것인가. 첫 회부터 지금까지 김이나 작사가가 방송에서 했던 말을 전부 출력했다. 모든 대화를 텍스트로 나눈 프로그램이라 대화 로그가 전부 그대로 남아 있었는데, 다 뽑으니 그 양이 굉장했다. 그 말들을 하나하나 다시 읽으며 1년이 지난 오늘의 자신에게 다시 질문할 만한 것들을 뽑았다. 대답으로 써먹을 수 있는 말들도 따로 정리했다. 그렇게 대화 소스를 넉넉하게 모아서, 현장에서 대화 흐름에 맞춰 재빨리 골라 쓸 수 있도록 주제별로 일목요연하게 분류했다. 단답식 대답이나 적당한 리액션 정도는 그때그때 내가 직접 타이핑하기로 했다. 1년 넘게 이 사람의 카톡을 편집실에서 매일 들여다보며 살았으니, 미묘한 말투나 뉘앙스까지도 비슷하게 흉내 낼 수 있게 되었다.

사실 보통의 토크쇼였다면 말도 안 되는 구성이다. 토크쇼의 영상 자료를 가지고는 아무리 순발력 있게 편집해도 실시간 대화를 나누는 것처럼 만들 수는 없을 테니까. 하지만 여기서는 눈앞에 과거 모습을 화면으로 띄워놓고, 대화는 저 뒤에 숨어 있는 내가 대역으로 얼마든지 연출할 수 있었다.

그렇게 김이나 작사가가 지난 1년간의 자신과 대화를 나누고 나면 그동안 출연했던 게스트들이 보내준 '과거의 나에게 보내는 메시지'도 띄우고, 이어 시청자들이 보내준 메시지들도 띄웠다. 솔직히 김이나 작사가가 과거의 자신과 대화를 나누는 구성까진 걱정이 안 됐지만, 역대 게스트들과 시청자들에게 과거의 나에게 메시지를 보내달라고 부탁할 때는 조금 망설여졌다. '나와의 채팅'으로 정해진 만큼 이만한 이벤트가 없다고 생각하긴 했지만 또 내가 참여한다고 상상해보니 너무 어색하고 겸연쩍은 것이다. 어디 수련회 같은 데서도 나에게 쓰는 편지나 거울 보며 말 걸기 같은 이벤트를 워낙 민망하다고 생각하는 편이라 과연 사람들이 얼마나 기꺼이 참여해줄까 싶었다. 내 착각이었다. 역대 게스트들이 보내준 메시지들도, 시청자들이 보내준 메시지들도 내 생각보다 훨씬 짙은 진심이 담겨 있었다. 하나하나 읽으며 여러 차례 뜨거운 것이 올라왔다.

'과거의 나에게 하고 싶은 말'이란 결국 '지금 내가 미래의 나에게 듣고 싶은 말'이기도 할 것이다. 너 그때 이런 거 걱정했지. 괜찮더라. 지나보니 별거 아니더라. 너 지금 많이 불안

하지. 괜찮아, 잘하고 있어. 막막했던 과거의 나에게 이렇게 얘기해줄 수 있다면, 흔들리는 지금의 나 역시 그런 말을 들어도 되지 않을까 하는 마음. 수많은 사람들이 보내준 메시지들 속에서 그런 마음의 온도가 느껴졌다. 따뜻했다.

〈톡이나 할까?〉가 끝나고 또 바쁜 시간들을 정신없이 보내는 지금, 마지막 편을 다시 열어보니 그 온기가 새롭게 느껴진다. 나도 그때의 나에게 말해주고 싶다. 고작 1년 좀 넘게 해놓고 마지막에 너무 유난스러운 거 아닐까 생각할지도 모르겠지만, 역시 마지막은 마지막답게 끝내길 잘했다고. 지금의 내가 그 방송을 다시 보며 위로받고 있고, 아마 앞으로도 한 번씩 다시 찾아보며 마음을 데울 수 있을 것 같다고. 자기가 만든 거 자기가 보면서 이렇게 좋아하는 게 좀 추한 거 알지만 괜찮다. 또 미래의 내가 나한테 얘기해주겠지. 그 순간 좀 추해 보이더라도 신경 쓰지 말고 그냥 솔직하게 좋아하라고. 어차피 쿨하긴 진즉에 글렀는데, 뭐.

타협도 결국, 함께 하는 것

S : 권성민 PD, E : 김이나 작사가

S_ ⟨톡이나 할까?⟩(이하 ⟨톡이나⟩)가 끝난 지 거의 1년이 다 되어 가요. 한참 저희 방송 찍을 때 세상 바빠 보이셨던 누나는 여전히 너무 바빠 보이시네요.

E_ 일단 그때랑 지금이랑, 나의 체력과 정신력이 높아졌어요. 아무리 잔잔한 방송이라도 방송은 텐션이고 텐션은 체력인데, 내가 골프에 미치기 시작하면서부터 운동량이 많아지니 체력이 너무 좋아져서…. 그리고 성인이 된 이후로 처음 느껴보는 소풍처럼 기다리는 일이 중간 중간 배치돼 있으니….

S_ 골프요? (웃음)

E_ 응, 라운딩. 그게 한 번씩 있으니까 오히려 일하는 데 활력이 더 생기더라고요. 그러다 보니 일에 있어서도 선택의 폭이 좀 넓어졌어요. 좀 적극적이 되었다고 해야 하나. 역시 하나의 행동은 하나의 결과가 아니라 다방면의 결과로 영향을 미친다는 깨달은 게, 그 선택들로 인해서 원래 좀 소극적이었던 성향 자체도 많이 바뀐 것 같아요.

S_ 일을 할 때 소극적인 성향이라는 게 어떻게 생각하면 결과에 대한 엄밀함이잖아요. 진짜 좋은 결과에 대한 확신이 있을 때

만 하게 되는. 그래서 적극적으로 일을 많이 하려면 어느 정도
는 타협할 수 있는 태도도 필요하지 않나 싶어요. 매주 레귤러
방송을 만드는 PD에게도 타협의 자세는 중요하거든요. 누나
는 결과물의 완성도와 마감에 대한 타협에 대해서는 어떻게
생각하시는 편이세요?

E_ 이거에 대해선 대단한 신념을 세워본 적이 없어요. 일단
내가 하는 일들은 나 혼자 하고 책임지는 게 아니니까. 방
송 같은 경우 내가 말하는 만큼만 나가는 거라고 생각하
지 않고, 제작진이 잘 다듬어주겠지 생각하면서 현장에
선 사리지 않고 막 던지는 편이고, 가사는 내 선에서의
최선을 다해서 보낸 뒤 다른 참여자들의 의견을 기다린
다…. 둘 다 나보다 더 잘 판단할 사람들이 있겠지,라는
마인드. 주어진 마감 안에서 내 최선을 다하면 완성도는
함께 만들어가는 거니까.

S_ 타협도 함께 하는 거군요. 하긴 그러네요. 사실 매주 타협하며
방송 만드는 것도 보통 일이 아닌데, 매일 출근하듯 라디오를
쭉 하는 것도 너무 대단해요.

E_ 라디오 같은 경우 책임감보단 탈출구에 가까워요, 하다
보니까. 내가 해보기 전에는 탈출구라고 다른 DJ들이 그

러면 그냥 하는 말인 줄 알았는데, 역시 매사는 겪어봐야 아는 거더라고요. 피곤한 날일수록 라디오 가서 수다 떨고 놀고 싶다는 생각이 들 지경이에요. 물론 게스트 있는 날은 긴장감이 어느 정도 있지만, 청취자들하고만 소통하는 시간은 정반대예요. 적당히 멀고 생각보다 가까운 사이의 누군가가 있다는 게 저한테는 너무 완벽한 관계 같아요.

S_ 라디오는 방송이지만 왠지 나한테 해주는 말 같으니까. 누나가 하는 〈별밤〉은 심야라디오기도 하고요. 그러고 보니 첫 녹화하고 제가 편집하다 새벽에 문자 보낸 거 기억나세요? 누나가 우리 MC라서 정말 다행이라고 했던 거. 지금도 생각나요. 편집실에서 표정 하나 카톡 하나 붙일 때마다 정말 감탄했거든요.

사실 첫 촬영 전에 기획안 들고 여기저기 소개할 때마다 자동응답기처럼 "왜 만나서 카톡을 해요?" 하는 질문만 내내 들었을 만큼 사람들이 잘 그려내지 못하는 기획안이었어요. 자꾸 듣다 보니까 저도 좀 걱정이 되긴 하더라고요. 그걸 누나가 내 상상 이상으로 기가 막히게 소화해주니까 그렇게 기쁠 수가 없어서 막 새벽 2시에 고맙다고 연락했었나 봐요. 처

음 기획안 듣고는 어떠셨어요? 느낌이 좀 와서 수락하신 건가요. (웃음)

E_ 저는 방송은 기획안 단계에서 느낌이 오거나 말거나 한 적이 거의 없어요. 내 깜냥에 그걸로 판단할 수 없다는 걸 잘 알기도 해서요. 다만 제작진의 성향을 무조건 봐요. 전작이나 평판? 같은 것과 프로그램 개요, 거기에 내 역할의 무게감 정도를 따지지, 이게 잘 될지 말지는 생각 안 하는 편이에요. 〈톡이나〉도 혼자 진행하는 프로이니만큼 지나치게 감성에 치우쳐 내 기준에 촌스럽거나 오그라들 것 같으면 절대 피했을 거고. 그 또한 내 기준으로 보는 PD의 성향과 역량으로 판단하는 건데 적당히 나랑 결이 맞을 거란 믿음은 있었어요. 이건 너무 촉의 영역이긴 해서 남들이 이해는 못하겠지만… 첫 만남에 뭘 입고 와서 어떤 톤의 대화를 하는지 등등에서 대충 감이 오거든요. (웃음)

게다가 이것도 역시나 추측이었지만 오윤환* 사단(?) 특유의 너무 공중파에 절여지지만은 않은 감각에 권성민의 휴머니티+가치관이면 훌륭할 거 같다는 생각도 했고요.

● 카카오TV 제작총괄.

첫 방송 보고는 내가 저렇게 톡할 때 리액션이나 감정이 풍부했나 하고 놀랐어요. 그게 아마도 첫 방송 상대인 박보영 씨 때문에 그랬던 것 같아요. 사람을 어쩔 줄 모르게 만드는 마력이 있었잖아요.

S_ **편집의 힘도 물론….**

E_ 아, 인정, 인정.

S_ **(웃음) 저도 아직 경력이 많은 연출자는 아니지만, 다른 프로그램들이랑 비교해도 〈톡이나〉는 유독 MC랑 얘기를 정말 많이 했던 프로그램이었던 것 같아요. 얼마 전에 누나랑 나눈 카톡들을 다시 열어봤더니 참 얘길 많이 했더라고요. 우리끼리 "이게 〈톡이나〉지"라고 얘기하며 재밌어했던 기록도 있고. 누나가 제 역할을 존중하면서도 프로그램에 애정을 가지고 솔직하게 의견들을 줘서 저도 도움을 많이 받은 것 같아요. 그만큼 누나가 출연자인데도 저희한테 편하게 대해준 사람이기도 하고요.**

E_ 저야말로 원래 나름의 기준이 프로그램 할 때 연락은 가급적 매니저 통해서, 해야 할 경우 작가랑만 하자는 주의예요. 직장생활을 통해 느낀 건 너무 헤드와 직접 소통해

버릇하면 일이 오히려 더 피곤하게 풀린다고 생각하거든
요. 근데 이건 제 이름을 걸고 혼자 진행하는 데다가, 방
송할 때는 보통 잠그는 저의 빗장 거의 전부를 완전히!
풀고 임하는지라 녹화 끝나면 항상 너무 불안했어요. 너
무 오버했나 싶은 생각에. 저는 오버하는 걸 가장 두려워
하는 사람인데 빗장을 풀면 쉽게 오버하고 말거든요….
그래서 권 PD한테 자꾸 연락했나 봐요. 수영 못하는데
"알겠어, 너만 믿고 점프할게!" 해놓고 막상 뛸 때 되면
매번 "튜브 챙겼어? 구명조끼는? 밧줄은?" 하고 외치는
기분이었다고 할까. 계속 안심이 필요했는데 그 부분까
지 완벽하게 챙겨줘서 진심으로 고마울 따름….

S_ **사실 프로그램 할 때야 PD가 MC한테 연락하는 거니까 비교
적 편하게 연락했는데, 끝나고 나니까 왠지 명분도 없는 거 같
고 바쁜 사람 귀찮게 하는 것 같아서 또 망설이게 돼요…. 그
래서 주변에 출연자들이랑 막 막역하게 지내는 PD들 보면 대
단하기도 하고 부럽기도 하고. 이렇게 소심해서 어쩌죠.**

E_ 아, 근데 저도 막역하게 지내는 PD는 라디오 쪽 말곤 없
어요. (웃음) 권 PD가 제가 제일 선 넘어서 소통했던 PD
임. 제 인간관계 자체가 별일 없이 틈틈이 연락하며 지내

야 가깝다 생각하는 스타일은 아니라서 연락 빈도와 상
관없이 한 번 쌓인 신뢰나 애정은 흐려지지도 다해지지
도 않긴 합니다.

S_ 그죠. 그래서 이렇게 책 쓴다고 인터뷰도 막 해주시고. 바쁘
신데.

E_ 그렇다니까.

S_ 소심함의 연장선상이지만 가끔 누나가 농담으로 저한테 "권
PD님은 인성이 너무 훌륭하셔서~"라고 하실 때 그게 양가적
인 의미라는 거 저도 알거든요. 촬영현장에서도 가끔은 좀 세
게 밀어붙여야 할 때도 있고, 연출할 때도 대중 반응 같은 거
눈치 안 보고 다루고 싶은 내용도 있기 마련이고. 근데 제가
전반적으로 이런저런 눈치도 많이 보고, 워낙 여러 가지 신경
쓰다 보니 누나가 가끔씩 좀 답답해하는 것도 보였어요. 가끔
은 연출이 좀 악역이 되어야 출연자나 스태프들이 편해질 때
도 있는 건데, 그런 건 이제와서지만 사과드리고 싶네요.

E_ 솔직히 그런 때가 없었다고 하면 거짓말이겠지만, 끝끝
내 그 방식이 좋은 리더십이었다는 걸 증명해내긴 했지
요! 특히 그 '니트컴퍼니' 촬영 때, 와이파이가 계속 안 잡

했나? 그래서 채팅 흐름이 자꾸 끊겼잖아요. 게스트는 하필인지 마침인지 토크가 너무 낯설고 어려운 일반인 분들이었고. 보통 그럴 땐 내 자식은 내가 먼저 혼내버리는 심경으로 출연자들 짜증나지 않게 버럭 소리 지르는 것도 방법이잖아요, 사실. '내가 이 현장의 키를 잡고 있으니 불안해 마라'라는 전체를 향한 사인이기도 하고. 근데 그때 권 PD는 '천천히 해도 괜찮아요~' 하더라고요. 그러고 보니 내가 그 당사자였으면, 윽박을 듣는다고 하등 효율에 도움이 안 됐겠다는 생각을 했어요. 오히려 더 꼬이고 패닉 되지. 더불어 트라우마 비슷한 것도 얻었겠죠? 솔직히 그때가 아마 내가 기억하는 권 PD의 유일하게 멋있는 순간이었음.

S_ **아, 다른 때는 멋있는 적이 없었나 봐요…?**

E_ 있었겠죠, 기억은 안 나지만. (웃음) 암튼 그 방식이 옳다고 느끼게 해줬으니 불만은 없습니다. 그리고 인성이 좋단 말은 양가적인 게 아니라 진심 칭찬의 의미였을 텐데…? 생각보다 그게 참 귀한 일인지라.

S_ **멋있진 않지만 인성은 좋은 것으로. "걔가 애는 착해" 같은 느**

껌이네요.

다른 얘긴데 어떻게 이렇게 좋은 MC가 되었는지 묻는 질문에 누나가 "'마°' 뜨는 걸 못 견딘다"고 대답한 말에 엄청 공감했거든요. 저도 엄청 외향적이거나 말하는 걸 좋아하는 편은 아닌데, 뭔가 좀 사교적인 자리에 나갔을 때 대화를 주도하는 사람이 없으면 '마' 뜨는 걸 못 견뎌서 미친 듯이 썰 풀고 혼자 떠들다가 집에 와서 막 후회하고 실언한 것 같아서 자괴감 들고 했던 날이 하루 이틀이 아니라…. 그런 성향이 방송 일을 하는 데 도움이 된다고 말하긴 했지만, 그렇게 기록으로 남는 말들을 잔뜩 꺼내놓고 다니는 일에 대한 부담감은 없나요?

E_ 그건 아마 대화를 잘 이끌어가는 데에는 도움이 된 부분 같아요. 그러나 요샌 그 '마' 또한 적절히 견딜 수 있어야 더 좋은 인터뷰어가 되는 거라 생각해요. 이게 참 어렵긴 한 게 사람에 따라 그 시간을 충분히 줘야 생각이 정리되는 사람이 있고, 그 정적이 불안해서 말이 더 꼬이는 사람이 있기 때문이에요. 저의 경우 후자였던 시간이 길어서인지 남들도 다 그럴 거라 생각했는데 그게 아닌 걸 요새 느껴요.

●   정적, 대화와 대화 사이의 공백을 뜻하는 방송계에서 사용하는 일본식 은어

나의 말들을 여기저기 박제해놓는다는 거에 대해선 불안이 있었죠. 그러나 나중에 봐서 시대에 어긋나고 별로인 부분이 있다면 그 또한 나니까. 오히려 나이 들어가면서 더 좋게 변한 게 보인다면 그게 더 근사한 일 같기도 하고요. 요샌 그래서인지 말버릇이 생겼어요. '○○살인 현재의 저는 그렇게 생각합니다'라고. 일종의 방송병이고 빠져나갈 길을 마련해놓는 거 같긴 하네요. 그렇지만 그것만큼 현재의 진심을 말할 수 있게 해주는 말이 없더라고요.

S_ 말도 그렇지만 작품도 그렇잖아요. 누나는 자기가 작사한 노래들 다시 찾아듣고 그러는지 모르겠지만, 저는 제가 만든 방송들 한 번씩 다시 보는 거 되게 좋아하거든요. 시간이 지나면 오히려 거리감이 생겨서 타인의 눈으로 보게 되는 그 감각이 좋아요. 〈톡이나〉도 만들 때는 매주 쳐내느라 정신없었는데, 나중에 다시 보니까 참 좋은 이야기들이 많았다는 걸 새삼 느껴요. 한동안 어디 가서 얘기할 때나 강의할 때, 인터뷰할 때마다 누나가 했던 말들, 게스트들이 했던 말들을 자주 인용하고 있더라고요. 일부러 외운 것도 아닌데 그렇게 머릿속에 새겨질 만큼 인상적인 말들이 많아요.

E_ 나는 문가영 씨한테 했던 말 기억나요. 소리 없이 깨는 알
도 있다고. 사춘기나 방황 없이 어른이 되어가는 두려움
에 대해 했던 말이었는데.

〈톡이나〉 하면서 내가 말을 잘하네 어쩌네 소리 많이 들
었고 일정 부분 사실인 건 부인할 수 없지만, 흠흠…. 문
가영 씨와의 저 대화도 혼자 생각한 게 아니라, 얘기를 듣
다 보니 떠오른 말이잖아요. 그런 생각이 들게 만들어준
상대들이 관건이었다고 생각해요. 뭔가를 계속 깨닫게
해줬거든요, 〈톡이나〉의 대화들은. 대화의 위대함에 확신
을 갖게 되기도 했고요. 광희 때도 그렇고. 장동선 박사님
과의 뇌 이야기도 끊임없이 생각나요. 이동진 평론가님
이랑 나눈 취향에 대한 이야기도 종종 남들한테 말해주
기도 해요. 저는 영상으로 다시 보는 건 이상하게 잘 못하
겠고, '짤'로 워낙 많이 도니까 그건 보이면 쭉 보곤 해요.
아, 영상 중에서 큰 웃음 건진 건 여러 번 봄. 봉태규 편
'구두를 타고 온 소년'이라든지. (웃음)

S_ **솔직히 저는 〈톡이나〉 만드는 동안 아내보다 누나 얼굴을 더
많이 보며 살았거든요. 편집실에서 매일 클로즈업으로 이만
하게 잡힌 누나 얼굴과 말투들을 프레임 단위로 보며 작업하**

다 보니 누나의 버릇 같은 표정들, 자주 쓰는 어휘나 표현들, 아주 사소한 눈길까지도 다 세세히 보며 파악하게 됐어요. 누나는 한 달에 두세 번 촬영할 때나 저를 봤겠지만 PD들이 출연자에게 느끼는 친밀감은 상상 이상이거든요. 반대 입장이 궁금해요. 누군가 이렇게 비대칭적으로 나를 지켜보고 있다는 감각은 어떤 기분인가요?

E_ 아, 일단, 〈톡이나〉는 방송 들어가기 직전까지 '원기옥'을 엄청 모아야 되는 프로였어요. 다른 방송도 저는 마찬가지지만 〈톡이나〉는 역대급이었어요. 내가 얼마나 온 에너지를, 그러니까 흔히 '진심'이라고 표현하는 그 마음을 상대에게 얼마나 쏟느냐에 따라 상대도 마음이 열렸으니까요. 그래서 녹화 전엔 '원기옥' 모으느라, 녹화 끝나고는 '원기옥' 다 써서 진빠져 있느라 제작진과 교류가 적긴 했어요. 제작진을 위해서 내가 할 수 있는 최선은 방송을 잘 뽑아내주는 일이니까. 좀 차가운 사람으로 보일지언정 좋은 결과를 만드는 게 제일이라 생각했어요.

다만 결과물을 보고 '아, 이 팀이 나를 나노 단위로 아껴주고 있구나'라는 건 확연하게 느껴졌어요. 그래서 그 환경에 익숙해지는 걸 피하려고 거리두기 한 것도 있어요. 안 그러면 다른 촬영장들도 충분히 좋은 곳들임에도 상

대적으로 불행하게 느낄 수 있으니까요. (웃음)

그래서 질문에 대한 답의 요지는, 내가 그 시선을 너무 크게 의식하진 않았다, 촬영할 때 온 신경 다 쏟느라…입니다.

S_ **돌아보면 누나랑 함께 했던 1년 남짓한 〈톡이나〉도 기적같이 따뜻한 기억이었어요. 방송의 장점은 그 기억들이 온전히 기록으로 남아 있어서 언제든 그 상태 그대로 다시 들춰볼 수 있다는 점인 것 같아요. 누나, 오래오래 방송하세요. 저랑 또 하게.**

E_ 빨리 합시다. B급인데 메시지는 있는데 있어 보이는 걸로. 어렵지 않쥬?

S_ **있어 보이는 건 자신 있는데 B급이 문제네. (웃음)**

4장

본격 예능 제작
전문용어(은어) 가이드

전문직이 나오는 드라마는 그 세계를 얼마나 멋지게 미화하면서도 동시에 실감나게 묘사하느냐가 관건이다. 둘 사이에서 균형을 잘 잡는 게 중요한데, 너무 현실감 없이 미화하기만 하면 실체를 아는 이들에게 비웃음 사기 쉽고, 그렇다고 아무런 미화 없이 리얼하게만 그리면 대중에게 사랑받기 힘들 수도 있기 때문이다.

어차피 드라마의 굵직한 서사는 사랑 얘기든 미스터리든 정치극이든 현실적이기 힘들다. 당장 본인의 직장에서 그렇게 드라마틱한 연애사건이나 범죄가 벌어진 적이 있는지 한번 돌아보자. 현실에서 일어날 가능성이 희박한 이야기가 주로 드라마가 된다. 전문직들이 그냥 평범하게 돈 벌고 밥 먹고 피곤한 얘기는 〈다큐 3일〉로 만들지 드라마로 만들지는 않는다.

그래서 디테일이 중요하다. 이야기의 큰 줄기는 비현실적이지만 디테일로 현실성을 불어 넣는다. 의사들은 병원에서 편한 크룩스를 즐겨 신는다든지, 기자들은 통화 녹음이 되는 갤럭시 기종을 쓴다든지 하는 식으로. 그리고 이 디테일을 살리는 데 가장 즐겨 동원되는 요소가 바로 전문용어이다. 그 바닥 사람들만 쓰는 말. 그쪽 업계 사람이 아니면 들어볼 일이 없는 말들을 일상적으로 주고받는 장면이 자연스럽게 연출되면, 뭔가 있어 보이면서 현실감도 동시에 얻을 수 있다. '에이, 세상에 저런 의사가 어디 있어' 싶은 미모의 배우들이 의사로 등장해도, 당장 '서브듀랄'이니 '파라클리노이드'니 하는 말들을 그럴 듯하게 주고받으면 약간 진짜 같다. 물론 누가 봐도 입에 안 붙은 전문용어를 꾸역꾸역 주워섬겼다가는 바로 역효과이다. 이건 작가의 역량이기도, 배우의 역량이기도 하다.

그런데 의료 드라마에서 의학 용어가 난무해도 멋있고, 법정 드라마에서 법률 용어가 난무해도 멋있는데, 방송 제작 현장을 다루는 드라마가 나온다면 전문용어의 활용은 아무리 생각해도 미화의 측면에서 마이너스다. 현실감은 줄 수 있겠지만 하나도 안 멋있다. "선배님, 이거 너무 야마가 없는데 지난 번 시바이 우라까이 해볼까요?"

한국의 방송 산업은 일본의 지대한 영향 아래 발달해 왔기 때문에 곳곳에서 그 흔적을 찾아볼 수 있는데, 그중 대표적인 것이 이 '업계 용어'에 남아 있는 수많은 일본말들이다. 국어 순화에 앞장서야 한다는 책무를 짊어진 방송국이건만, 실제 그 현장의 언어야말로 가장 순화가 안 돼 있다. 시바이. 야마. 데꼬보꼬. 니쥬. 오도시. 벌써부터 안 멋있음이 확 느껴지지 않는가!

처음 방송국에 입사했을 때는 도대체 저게 다 무슨 말인가 싶었다. 하지만 모두가 당연하게 쓰고 있어서 손들고 '저기, 근데 그게 무슨 뜻이에요?'라고 물어볼 수도 없었거니와, 언어의 학습이라는 것이 대개 그렇듯 단어의 정확한 뜻을 몰라도 앞뒤 문맥으로 유추해 이해하고, 그렇게 용례를 쌓아가다 보면 정확한 정의는 모른 채 그저 '느낌'으로 소통하게 되는 경지에 이른다.

사실 이건 원래 언어를 배울 때 꽤나 바람직한 방법이다. 나중에 알게 된 사실인데, 이 말들을 일상적으로 쓰는 수많은 선배들도 정확한 어원을 아는 사람은 많지 않았다. 그들도 나처럼 그냥 '느낌으로' 익히면서 자연스럽게 입에 붙어 쓰고 있는 거였다.

시간이 지나면서 보니 같은 말을 보도국이나 다른 방송사에서는 미묘하게 다른 뉘앙스로 쓰기도 하고, 비슷한 말을 영화계, 가요계, 디자인 업계, 신문업이나 출판계에서 대동소이하게 쓰고 있더라. 하지만 전부 어원은 다 같은 일본어라고 할 수 있다.

그래서 정리해봤다. 현직 예능 PD가 정리해본 방송 제작 업계 용어.

야마(명사)

방송가 외에도 가장 널리 쓰이는 말. '주제', '핵심' 등으로 번역할 수 있다. 비속어로 많이 쓰는 '야마 돌았다'와는 다른 의미로 쓰인다.

"그래서 이 촬영분의 야마가 뭔데?"

☞ "이 촬영분이 말하고자 하는 바는 무엇입니까?" 혹은 "이 촬영분에서 제일 재미있는 장면은 무엇입니까?"

기자들 사이에서는 '기사의 야마=기사를 한 줄로 요약하면?' 정도의 의미로 쓰이고, 가요계에서는 좀 더 광범위하게 '가사의 야마 = 뭔가, 그, 확 오는 느낌' 정도의 의미로 쓰이는 듯하다. 어쨌든 '가장 중요한 것, 핵심, 에센스, 묵직한 포인트' 등등의 의미로 쓰이고 있다.

일본어로 '산山'을 뜻하는 '야마やま'에서 왔다는 추정이 지배적이다. 산이 평지에서 홀로 돌출되어 있는 모양에서 왔다는 추측도 있고, 위로 올라갈수록 점점 좁아지는 모양이 클라이맥스를 연상시키기 때문이라는 추측도 있다. 다 이상하다.

마(명사)/마가 뜨다(동사)

이것도 업계 밖에서 비교적 많이 쓰이는 말. 일본어 '마ま'는 '사이 간間' 자를 읽는 말로, 말 그대로 '사이', '간격'을 의미한다. 흔히 출연자들 사이에서 쉴 새 없이 말이 오고가야 하는데 갑자기 흐름이 뚝 끊겨서 정적이 생길 때 '마가 뜬다'고 표현한다. 혹은 휴식이나 재정비를 위해 촬영을 잠시 중단하는 시간을 의미하기도 한다.

"이따 마 뜰 때 잠깐 가서 밥 사올게요."

☞ "촬영이 잠시 중단되는 시점을 활용하여 제작진과 출연자들을 위한 식사를 구매해 오겠습니다."

예능 녹화 현장에서도 마가 뜬다는 건 출연자들이 리듬을 잃어서 흐름이 끊겼다는 뜻으로 그리 좋은 현상은 아니지만, 특히 분초 단위 큐시트가 짜여 있는 생방송에서는 최대한 마가 생기지 않도록 모든 흐름이 매끄럽게 이어져야 한다. 심지어 영상 없이 오디오로만 방송이 이루어지는 라디오에서 마가 뜬다는 건 사실상 아무것도 안 나오고 있다는 뜻이다. 그래서 '3초 이상 마 뜨면 방송사고'라는 말도 많이 한다.

3초가 별거 아닌 것 같지만, 실제 일상의 대화에서도 편한 사이가 아닌 이상 3초의 침묵은 꽤 길게 느껴진다. 서로 할 말이 바닥나 3초 동안 마가 뜨면 어색해지기 시작하고 머릿속에서는 이 침묵을 깨고 이어나갈 다음 말을 바쁘게 찾는다. 노력하는 관계란 방송 연출만큼이나 손이 많이 가는 일이다. 그러니까 친밀한 사이란 '마가 떠도 되는 사이', 다시 말해 '침묵이 어색하지 않은 사이'가 아닐까.

시바이(명사)/시바이치다(동사)

'재미 요소'를 두루 이르는 말. 예능에서 '재미 요소'는 중요하지만, '야마'보다는 상대적으로 그 중요성이 떨어지는 부수적인 재미 요소들을 '시바이'라고 이를 때가 많다. 예를 들어, 〈선을 넘는 녀석들〉 같은 교양 예능에서 역사 일화를 설명하는 장면이 있다고 해보자. 이 프로그램의 목적은 어쨌든 역사적 지식을 전달하는 것이기 때문에 당연히 이 부분이 '야마'이다. 하지만 그래도 예능인데 아무런 웃음기 없이 계속 지식 전달만 이어진다면 이제 이런 말이 나올 수 있다.

"시바이가 너무 없는데?"

해석하자면, "전체적인 흐름은 나쁘지 않으나 웃음 포인트
가 너무 없다" 정도의 의미가 되겠다.

버라이어티 예능에서 출연자들이 미션을 수행하다가 뭔가
재미있는 상황을 발견하고 자기들끼리 상황극을 했다고 하
자. 전체 흐름과 크게 상관은 없으나 소소하게 재미는 있는
촬영분이 나왔다. 그럼 편집실에서는 이런 말이 오고 간다.

"상황극 시바이 살려요?"

☞ "상황극이 주는 재미 요소를 편집본에 포함시키겠습
니까?"

**"재밌긴 한데 너무 길다. 아까우니까 일단 킵 해놓자. 나중
에 시바이 너무 없는 것 같으면 다시 보게."**

☞ "전체적인 가편집이 끝난 뒤에 재미 요소가 너무 부족
한 것 같으면 그때 다시 고민해보겠습니다."

그래서 전체적인 흐름을 매끄럽게 주도할 만큼 안정적인
진행 능력을 갖춘 MC는 아니지만, 촬영장의 분위기를 잘 파
악하고 적절하게 웃음 포인트를 잘 만들어내는 출연자의 경
우, '시바이가 좋다', '시바이를 잘 친다'라는 평을 듣는다.

이 용어는 일본어로 '연기'를 뜻하는 '시바이しばい'에서 온 것으로 보인다. 일본어 '시바이'는 연극, 연기를 두루 이르는 말로, 이를 이용한 꼼수나 속임수라는 뜻까지 포함한다. 과거 일본의 희극인들이 하던 코미디가 사실상 '연기'의 한 형태였기 때문에 위의 용례로 변형되어 오지 않았을까.

니쥬(명사)/니쥬 깔다(동사)

서사가 완성되기 위해 필요한 서론, 복선, 도입부, 혹은 그런 분위기. 한국어로는 '밑밥'이라는 표현 정도면 정확할 듯 싶다.

"너무 니쥬 없이 훅 들어오니까 시바이가 안 살잖아."
☞ "이야기를 이해하기 위한 사전 정보가 전달이 안 된 상태라 재미 요소가 제 역할을 못했습니다."

"이 새끼 니쥬 까는 거 봐라."
☞ "무슨 얘기를 하려고 분위기를 잡는 건지 의심스럽습니다."

이 정도면 충분히 이해가 될 것 같다. '니쥬'의 번역으로 '밑밥'이 적절해 보이는 것이, 둘 다 '깔다'라는 서술어와 호응하는 것을 봐도 느낌이나 의미가 비슷하다.

'니쥬'는 드물게 복수의 용례가 있는데, 예능의 구성을 말할 때는 앞에서 설명한 뜻으로 쓰이는 반면 촬영 현장에서는 받침대, 발판을 가리킨다. 남녀 출연자의 키 차이를 줄이거나 카메라의 높이를 조절하기 위해 놓는 등 다양한 용도로 쓰는 작은 상자를 말하는데, '애플박스'라고 부르기도 한다.

두 가지 의미 모두 무언가를 받쳐주기 위해 바닥에 '까는' 용도라는 점에서 같은 어원이다. '두 겹'을 뜻하는 한자어 '이중二重'의 일본어 발음인 '니쥬にじゅう'에서 온 것으로 보인다. 무언가를 겹쳐 놓아 높이를 조절하고 발판으로 쓰는 등의 개념에서, 서사적 의미에서의 '받침대'로까지 확장된 것이 아닐까.

오도시(명사)/오도시터지다(동사)

서사의 클라이맥스, 혹은 웃음이 가장 크게 터지는 지점. 앞서 설명한 '시바이', '니쥬'와 함께 사용할 경우, "이게 오도

시인데 니쥬가 너무 없으니까 시바이가 안 살잖아" 같은 문
장을 구사할 수 있다.

**"이게 오도시인데 니쥬가 너무 없으니까 시바이가 안 살잖
아."**

☞ "이 장면에서 감정이 폭발해야 하는데 도입부가 너무
약해서 연출이 제대로 이루어지지 않았습니다."

일본어 '오도시おどし'는 '으름장, 위협, 호통' 등의 뜻을 갖
고 있다. 이게 어째서 '가장 크게 웃음이 터지는 포인트'로
이어지는지 추정해보자면, 일본의 만담 문화에서 온 것이 아
닌가 싶다. 일본의 가장 오래된 코미디 형태인 만담은 2인조
로 구성되는데, 바보 역할을 하는 '보케ボケ'와 보케의 멍청
한 말에 화를 내는 '츠코미つっこみ'의 형태이다.

이 2인조 만담은 대단히 도식적이다. 하이쿠가 그렇듯 일
본의 오래된 문화들은 고전적인 형식의 틀 안에서 다양한 변
주를 즐기는 것이 묘미인 듯하다. 이 도식적인 만담에서 '보
케'가 계속해서 바보 같은 말을 하면 한 번, 두 번 이를 지적
하고 정정해주던 '츠코미'가 참다못해 '버럭!' 화를 내는 지
점이 약속된 웃음의 포인트이다. '버럭!' 하고 으름장, 즉 '오

도시'를 내지르면 웃음이 터지는 것이다. 그게 고스란히 한국의 예능에도 '가장 웃음이 터져야 하는 포인트'를 가리키는 말로 전용됐을 거다.

이제 예능이란 장르가 반드시 웃음에만 집중하는 게 아닌 만큼, 지금은 가장 감동적인 장면이라든지, 시각적으로 가장 스펙터클한 장면처럼 연출자가 생각하는 '가장 중요한 포인트', 클라이맥스를 지칭하는 말로 두루 쓰이고 있다.

니마이(명사)/쌈마이(명사), 나까(명사)

통상 '니마이'는 '쌈마이'와 쌍을 이루는 단어이다. '쌈마이'는 업계가 아니더라도 익숙한 말일 거다. 좋게 표현하면 '키치kitsch하다', 좀 더 직설적으로는 '천박하다, 저속하다' 정도의 느낌이겠다. 사실 '키치하다'도 최근에나 좋은 뉘앙스가 더해진 것이지 원래 '천박하다, 저속하다'의 의미를 갖고 있었던 것은 마찬가지다. 누구나 쉽게 구할 수 있는 값싼 예술품, 공산품, 허름한 이발소의 벽면을 장식한 미술품 등을 가리키는 말이었던 것이, 시대가 흐르면서 그러한 통속성과 일상성을 새로운 아름다움으로 평가하기 시작한 것이다.

'니마이'는 여기에 대칭되는 의미로 예능업계에서는 '진지하다' 정도의 의미가 되겠다. 현대미술 이전에는 오랜 세월 동안 거장의 작품, 진지한 주제들만이 진정한 예술로 받아들여졌지만, 오늘날에는 도리어 통속적인 디자인을 재해석한 팝아트들의 '키치함'이 사랑받는 것을 생각해보면 이 두 용어의 뉘앙스도 쉽게 이해가 될 것이다.

이 두 단어는 어원이 확실한데, '니마이'는 '두 번째 페이지'라는 뜻의 '니마이메にまいめ'에서 왔고, '쌈마이'는 '세 번째 페이지'라는 뜻의 '산마이메さんまいめ'에서 왔다. 이는 일본의 경극 문화에서 온 것으로 가부키 배우들을 소개하는 대본의 첫 페이지에 여성 주연이, 두 번째 페이지에 남성 주연이, 세 번째 페이지에 조연 및 엑스트라들이 기재되어 있었던 것이 기원이다. 그래서 일본어 사전에 '니마이메'는 (남자 주연을 할 만큼의) '미남'이라는 뜻이, '산마이메'는 '익살스러운 역'이라는 뜻이 적혀 있다. '여주인공, 남주인공, 익살꾼'의 조합은 가부키에서부터 '인어공주 애리얼, 에릭 왕자, 세바스찬'이나 '안나, 크리스토프, 올라프'의 디즈니로까지 이어지는 역사가 유구한 구성이다.

이런 의미의 연장에서 다른 업계에서는 '니마이'를 '주연급'이란 뜻으로, '쌈마이'를 '조연급'이란 뜻으로 쓰기도 하

는 것 같다. 일상적으로는 '쌈마이'는 그저 '싸구려', '삼류'
의 의미로 쓰는 것이 대부분이다. 하지만 예능판에서는 미묘
하게 그 느낌이 다른데, 진지한 걸 기피하고 다소 위악적인
분위기라 '쌈마이'가 더 우대받고, '니마이'를 부담스러워 할
때도 많다.

"아우, 그 배우는 너무 니마이야."

☞ "그 배우는 다소 진지한 성향이 강해서 웃음을 만들고
자 하는 우리의 연출 방향과는 안 맞을 수 있습니다."

추한 분장이나 슬랩스틱으로 원초적인 웃음을 유발하는
경우 오히려 '쌈마이'라고 부르며 인정과 지지의 뉘앙스를
보내는 경우가 많다. 어쨌든 예능에서는 웃기는 게 미덕이니
까. 물론 최근의 예능은 웃음만 추구하지 않는 경우도 많기
때문에, 니마이가 꼭 부정적으로만 쓰인다고 볼 수는 없다.

"어, 여기는 시바이 싹 빼고 니마이로 가야 돼."

☞ "이 시퀀스는 진지한 주제를 다루고 있기 때문에 웃
음을 유발하는 요소는 모두 배제하는 방향으로 편집합
시다."

번역하면 '스포일러', 혹은 (화면상의) 'NG'에 해당한다. 미리 밝혀지면 안 되는 내용이나 화면에 잡히면 안 되는 무언가가 화면에 걸리는 것을 말한다. 때문에 부정형인 '바레 안 되게'가 많이 쓰인다. 예를 들어 두 주인공이 대결을 펼치는 경우, 긴장감을 위해 대결의 결과가 발표되기 직전에 한 회를 끝내는 경우가 많다. 이때 다음 회 예고편은 그 결과에 대한 궁금증을 더욱 부추겨야 하기 때문에 결과를 추론할 수 있는 요소가 화면에 보이는지를 꼼꼼히 확인한다.

"야, 여기 얘 왕관 쓴 거 바레 났잖아. 이 컷 쓰면 어떡해."

☞ "우승자가 왕관을 쓴 모습이 화면에 보이는데, 이것은 다음 회 결과에 대한 스포일러이니 주의해주십시오."

비슷한 맥락에서 프레임 바깥에 있어야 하는 조명 설비나 스태프가 화면에 걸렸을 때도 "아, 여기 조명 바레 안 나게 다시 갈게요!"라고 한다.

바레는 정확히 일본어 '들키다, 들통나다'인 '바레루ばれる'에서 왔을 것이다. 실제 일본어에서도 동사형 어미인 '루'를 빼고 '바레'란 단어만 명사처럼 쓰이기도 하는데, 한때 일본에서는 '입고 있는 옷이 유니클로인 것을 들키다'라는 뜻의 '유니바레ユニバレ'라는 말이 쓰이기도 했다. '유니클로'는 옷의 디자인이나 품질은 양호하면서 가격이 싼 것으로 인기를 끌었는데, 바로 이 '싼 가격'이 브랜드 이미지에 부정적이라는 것을 회사 스스로도 인지하고 옷 바깥쪽에는 브랜드 로고를 넣지 않음으로써 마케팅에 성공했다. 그래서 유니클로 옷은 그냥 입으면 '유니클로가 아닌 척'할 수 있는데, 그 옷이 유니클로인 것을 들키면 '유니바레'가 되는 것이다. '유니바레'는 2020년 즈음부터 한국에서도 다른 이유로 유효한 표현이 되었다. 한일 갈등이 격화되면서 일본 브랜드 불매운동의 대표적인 대상이 되었기 때문이다.

예능 회의실에서는 시사 후 PD나 작가들이 낸 의견을 회의록에 정리한다. 그런데 회의록을 정리하는 사람들도 '바레'가 정확히 뭔지 모르고 쓸 때가 많다. 어원은 알 수 없고 그냥 소리 나는 대로 쓰는 건 왠지 공식 문서에 어울리지 않는 것 같다고 고민했는지, 적당히 한자처럼 바꾸어 '발해 안 되게'라고 적는 경우를 가끔 본다. 어원을 모른 채 단어를 쓰다 보면 일본어가 변형된 은어를 우리 민족의 긍지로 승화하는 일도 생긴다.

데꼬보꼬 (형용사)

드물게 형용사다. 편집이나 서사의 균형 감각, 리듬감, 호흡 같은 것을 두루 이르는 말이다. 이렇게 쓸 수 있다.

> **"어, 재밌는데, 너무 시바이만 계속 나오니까 정신이 좀 없다. 데꼬보꼬가 좀 있어야 되는데."**
>
> ☞ "재미 요소만 쉴 새 없이 이어지는 편집이 다소 평이하므로, 쉬었다 웃을 수 있는 편집의 리듬감이 필요합니다."

일본어 '데코보코でこぼこ'는 '요철, 울퉁불퉁'이라는 뜻이다. 일본어의 한자 표기로 보면 더 와 닿는데 순서는 반대이다. 철요(凸凹). 모양만 봐도 의미가 느껴지지 않는가. 국내 운전자들 중에서도 미끄럼방지를 위해 도로표면을 울퉁불퉁하게 처리한 것을 '데코보코'라고 부르는 사람들이 가끔 있다.

딱히 더 설명할 게 없다. 편집이나 서사를 '울퉁불퉁'하게 해달라는 거다. 들어갔다가 나갔다가, 리듬감이 느껴지는 모양처럼 리듬감이나 호흡을 살려달라는 말.

특별한 서사 구조를 만들지 못한 채, 장면이나 사건들만 주르륵 늘어놓은 편집을 말한다.

프로그램의 예고편을 예로 들어보자. 예고편의 가장 중요한 목적은 '다음 편을 자세히 설명하는 것'이 아니라, '다음 편을 보고 싶게 만드는 것'이다. 그래서 실제로는 전혀 중요하지 않은 다음 편의 대사나 장면들을 마치 엄청나게 중요한 것처럼 편집해 '낚시'하는 경우도 많다. 실제 다음 편을 본 사람들이 예고편의 '낚시'를 욕할지언정 어쨌든 궁금해서 다음 편을 보게 만들었다면 잘 만든 예고편으로 인정받는다. 예고편 안에 하나의 독립된 서사를 담아야 하는 것이다.

하지만 양심의 소리에 민감하게 반응하는 어떤 PD들은 시청자를 속이면 안 될 것 같은 부담을 느낀다. 그래서 아주 친절하게, 다음 편에서는 어떤 일들이 벌어지는지 차근차근 설명하는 예고편을 만든다. 물론 촬영이 아주 아주 재미있게 잘 됐다면 있는 그대로 붙여놓는 것만으로도 기대감이 생기겠지만, 보통은 한 시간 동안 보여줘야 할 장면들을 30초짜리로 주르륵 붙여놓으면 이도저도 아니게 된다. 그래서 30초짜리 예고편만의 독립된 서사 없이, 그저 재미있어 보이는 장면들만 나열해놓은 예고편 편집은 이런 평을 듣는다.

"이건 그냥 나래비잖아."

☞ "새로운 서사 구조를 만드는 고민이 느껴지지 않는, 장면들의 나열에 불과합니다."

나래비는 일본어 '나라비ならび'에서 온 것으로 보인다. '일렬로 늘어선 모양, 줄지어 선 것' 등을 의미하니 사실상 거의 그 의미 그대로 들어온 셈이다.

물론 예고편의 역할에 대한 의견은 PD마다 다를 수 있다. 요즘 시청자들은 하도 속아서 '예고편 사기'라는 말까지 흔하게 쓰니 너무 큰 사기는 치지 않는 게 좋을 것 같다.

와꾸(명사)/와꾸 짜다(동사)

'나래비'가 안 되게 하려면 '와꾸'가 있어야 한다. '와꾸わく,枠'는 일본말로 '테두리, 틀, 프레임'이란 뜻인데, 거의 본뜻 그대로 쓰인다.

크게 두 가지 용도인데, 하나는 앞에서 말했듯 '나래비'가

안 되게 만들기 위한 '이야기의 전체적인 구조' 혹은 '개요' 정도의 의미로 쓰인다. 이는 편집에서 서사 구조를 짤 때도 쓰이지만, 문서나 예산 등을 기획할 때 대략적인 가안을 만들어본다는 의미로도 넓게 활용된다.

"대충 예산 와꾸 짜보고 하나씩 쳐내자."

☞ "대략적인 예산을 추정치로 잡아보고 세부 항목을 하나씩 다시 확인하는 작업을 하겠습니다."

"아, 이거 스케줄이 와꾸가 안 나오는데."

☞ "출연자들과 촬영 스태프, 촬영지 등의 일정 조율이 이루어지지 않아 촬영에 차질이 예상됩니다."

이는 일본어의 뜻이 확장되어 사용되는 형태이고, 좀 더 원래 의미에 가깝게 쓰이는 경우도 있다. '지난 주 이야기'를 요약해 보여주거나, 이야기 흐름과 상관없는 개념 설명이 자료화면과 함께 들어갈 때 본편의 화면과 구분하기 위해 화면 외곽에 CG로 디자인한 테두리를 씌운다. 이 경우도 '와꾸'라고 부르며, 이는 원래 뜻인 '틀, 프레임'이라는 의미와 일치한다.

최근 들어 온라인에서 '얼굴'이나 '외모'를 가리키는 말로 쓰이기도 하는 것 같은데 이유는 잘 모르겠다. 얼굴이 사람의 프레임이라고 생각해서일까. '좋와좋정'이라는 말도 많이 쓰더라. '좋은 와꾸에 좋은 정신이 깃든다.' 웃으려고 한 말이겠지만, 아닙니다. 다만 '틀'이란 뜻에서 '신체'를 가리키는 거라면 일리가 있다. 몸이 건강해야 마음도 쉽게 병들지 않는 법이니까.

열 개 정도 꼽아 봤다. 주로 구성이나 편집에 쓰이는 말들이다. 사실상 일본어 풀이나 마찬가지인 수준이다. 유독 방송계에 이런 일본식 발음의 은어들이 많은 편이긴 하지만 다른 영역에도 우리가 인지하지 못하는 일본어의 흔적이 많이 남아 있다. 식민시대와 근대화 과정을 거치는 동안 학문, 산업, 제도 전반 곳곳에서 서구사회의 산물을 일본을 거쳐 받았기 때문이다. '사회'란 단어가 일본 학계에서 'society'를 일본식 조어로 번역한 것을 한국에 들여온 것이라는 이야기는 유명하다.

'탕비실'이란 말을 들어본 적이 있을 것이다. 사무 공간 한쪽 구석에 간단한 개수대와 주전자를 갖춰두고 차나 간식 등을 보관하는 곳. 본래 한국어에 없는 말로, '물 끓이는 주전

자'를 뜻하는 일본어 '유와카시湯沸し'와 '방'을 뜻하는 '시츠しつ'가 합쳐져 만든 말이다. 차 문화가 훨씬 일상적인 일본의 건축 도면 등에 '탕비실'을 포함시키던 것이 일본 법률을 참고하는 과정 중에 소방·건축 등의 조례와 함께 들어온 것으로 추정된다. 그러니까 똑같이 일본어가 흘러 들어왔어도 문자 중심의 문화에서는 '사회', '탕비실'처럼 티 안 나게 스며들고, 구어 중심의 문화에서는 '시바이', '오도시'처럼 없어 보이게 드러난 셈이다.

일견 거부감이 드는 사실이긴 하지만, 언어란 결국 쓰는 사람들 간의 상호작용에 의해 생명을 얻는다. 앞에서 살펴본 용례들을 보면 알 수 있듯 대체할 수 있는 마땅한 한국어를 찾기 힘든 경우도 많다. 특히 이렇게 특정 산업이나 기술과 관련된 말들은 'LTE'가 그랬고 'VR'이 그랬듯 그 기술의 발달과 함께 용어가 만들어지는데, 한국이 방송 기술을 주도적으로 만들어온 나라가 아닌 이상 결국 촬영·방송 용어들은 일본어 아니면 영어 문화권에서 만들어진 말이 쓰이게 된다. 그렇다고 국립국어원에서 억지스럽게 만든 것 같은 순화어를 굳이 찾아야 할까 싶기도 하다. '댓글'이나 '누리꾼'처럼 어느 정도 정착한 말들도 물론 있지만, 스마트폰을 '똑똑전화'로 쓸 수는 없지 않나.

업계 사람들끼리 쓰는 은어는 소통을 원활하게 하는 역할과 동시에 유대감을 강화하는 역할도 한다. 바른 언어는 아닐지언정 소통과 유대감이라는 역할을 충실히 수행하고 있다면 인위적으로 이 언어를 대체하는 것은 쉽지 않다. 소셜미디어는 아무리 뛰어난 UI와 디자인을 갖고 있어도 사용자수가 절대적인 가치다. 같은 플랫폼 안에서 상호작용하는 게 목적인 서비스는 다른 요소가 아무리 뛰어나다 한들 이용자가 없으면 가치가 없다. 인간의 가장 근본적인 소셜미디어가 바로 언어인걸.

물론 정확한 지시를 원하는 사람에게 그냥 '데꼬보꼬 살려서 잘해 봐'라고만 하면 멱살을 잡고 싶은 충동이 들 수도 있다. 은어는 포괄적인 뉘앙스를 전달할 수 있다는 장점이 있는 동시에 정확한 정의는 아무도 내리지 못한 채 '느낌만으로' 소통한 나머지 서로의 이해가 엇나가기도 하는 역기능을 가진다. 소통이 잘 안 됐을 뿐인데 작업자의 능력 부족으로 여겨지면 억울하니까. 원활한 협업을 위해서라도 정확한 의미의 언어를 쓰려는 연습도 필요하다.

노파심에 하는 말이지만, 업계 은어가 아닌 송출되는 방송 언어는 정말 국어 순화에 엄청나게 노력하고 있다. '다꽝'이니 '고수부지' 같은 말을 몰아내는 수준을 말하는 게 아니다. '계란'이 일본식 한자 표현이라 '달걀'로 바꿔 쓰는 것이 원칙일 정도로. 그래서 가끔은 좀 답답할 때도 있다. '계란말이'랑 '달걀말이'는 느낌이 다르단 말이야.

세상에 이야기를 전하고픈 사람들

택시를 탔다. 뒷좌석에 앉으니 눈앞에 보이는 조수석 헤드레스트에 정성스레 코팅된 종이 안쪽으로 글귀가 보인다. "항상 밝게 웃으세요. 오늘 하루도 감사하세요."

2층까지 계단으로 올라가야 닿을 수 있는 허름한 카페. 간판도 저 위에 붙어 있어 사람들 눈에 띄는 자리가 아니다 보니 입구 앞 길모퉁이에 자그마한 칠판을 입간판처럼 세워놨다. 그랬으면 보통은 안에 자리가 넓다든지 커피가 맛있다든지 가게를 알리기 위한 이야기를 적어놓을 텐데, 이 카페 사장님은 그럴 생각이 없나 보다. "생각한 대로 살지 않으면, 사는 대로 생각하게 된다."

PD는 이야기를 만들고 찾아내서 사람들에게 전하는 직업이다. 그런데 둘러보니, 꼭 그게 직업이 아니어도 세상에 자기 이야기를 전하고 싶은 사람들이 참 많더라. 시장 좌판에서도 나물이며 과일 곁에 적혀 있는 이야기를 발견하고, 가끔은 도로 위 자동차 뒤통수에서도 목소리를 만난다. 스마트폰 화면을 켜면 더 말할 것도 없다.

예능을 만드는 본업에, 글을 써서 책도 내보니, 예능을 만드는 일은 담력이 필요하고 글 쓰는 일은 용기가 필요하더라.

예능은 절대 내 뜻대로 굴러가지 않는다. 많은 제작비를 들이고 여러 출연자와 스태프를 섭외해 판을 꾸리지만, 정작 카메라가 돌아가면 전혀 생각지도 못한 방향으로 굴러갈 때도 많다. 그걸 받아들일 준비가 되어 있어야 한다. 그 운동에너지를 굴려서 새로운 결과물을 만들어낼 수 있어야 한다. 나의 외부에서 벌어지는 일들을 감당할 마음의 힘은 담력이다.

방송에 비하면 글은 오롯이 혼자 쓴다. 모든 것을 내가 결정하고 내가 손을 움직이는 그대로 결과물이 나온다. 내 내면을 드러낸 산물이다. 그렇기 때문에 글이 불러오는 결과는 누구에게도 책임을 물을 수 없다. 온전히 나의 책임이다. 나의 내부에서 나오는 것을 직면하는 마음의 힘은 용기이다.

소셜미디어 화면 속에든, 시장 좌판 위 코팅 종이든, 세상에 자기 이야기를 전하고자 애쓰는 사람들은 그래서 용기를 낸 사람들이다. 부족한 담력으로 예능을 만들며 고군분투하고 있는 사람으로서, 사람들이 용기를 쥐어짜 세상 곳곳에 끼워 넣고 있는 이야기들을 보면 어딘가 연결되는 기분을 느낀다.

없는 담력으로 뜻대로 안 되는 예능을 만들며 버티다 모처럼 용기 내어 쓴 이 책이, 또 누군가 자신의 이야기를 직면할 수 있도록 담력을 키워준다면 그 역시 즐거운 일이겠다.

직면하는 마음

ⓒ 권성민, 2022

초판 1쇄 인쇄 2022년 10월 24일
초판 1쇄 발행 2022년 10월 31일

지은이 • 권성민
펴낸이 • 이상훈
편집인 • 김수영
본부장 • 정진항
편집2팀 • 허유진 원아연
마케팅 • 김한성 조재성 박신영 김효진 김애린
사업지원 • 정혜진 엄세영

펴낸곳 • (주)한겨레엔 www.hanibook.co.kr
등록 • 2006년 1월 4일 제313-2006-00003호
주소 • 서울시 마포구 창전로 70 (신수동) 화수목빌딩 5층
전화 • 02) 6383-1602~3   팩스 • 02) 6383-1610
대표메일 • book@hanien.co.kr

ISBN • 979-11-6040-911-6 03190